广 雅

聚焦文化普及，传递人文新知

广 大 而 精 微

History

Through

Images

由画入史

第二次鸦片战争
世界书报刊图叙

（美）宋玉武
——
编著

广西师范大学出版社
GUANGXI NORMAL UNIVERSITY PRESS

·桂林·

由画入史：第二次鸦片战争世界书报刊图叙
YOUHUARUSHI: DI'ERCI YAPIAN ZHANZHENG SHIJIE SHUBAOKAN TUXU

图书在版编目（CIP）数据

由画入史：第二次鸦片战争世界书报刊图叙 / （美）
宋玉武编著. --桂林：广西师范大学出版社，2023.3
　ISBN 978-7-5598-5675-3

　Ⅰ. ①由… Ⅱ. ①宋… Ⅲ. ①第二次鸦片战争
（1856-1860）－历史 Ⅳ. ①K255

中国版本图书馆 CIP 数据核字（2023）第 002548 号

广西师范大学出版社出版发行

（广西桂林市五里店路 9 号　邮政编码：541004）
（网址：http://www.bbtpress.com）
出版人：黄轩庄
全国新华书店经销
广西民族印刷包装集团有限公司印刷
（南宁市高新区高新三路 1 号　邮政编码：530007）
开本：787 mm × 1 092 mm　1/16
印张：28.25　　字数：413 千
2023 年 3 月第 1 版　　2023 年 3 月第 1 次印刷
定价：118.00 元

白银帝国：第二次鸦片战争也是一次世界大战

近代中国，泰半处于内忧外患的战火中。1850年代中期，白银帝国——大清国深陷镇压太平天国及各路义军的泥沼。此时的英国，在工业革命深入发展之后，为寻求扩大在华的贸易权，特别是鸦片贸易权，借口续约，悍然对大清帝国发动战争。1856年10月23日，英国以广州清军水师到持有过期港英执照的"亚罗号"商船上搜捕海盗、侮辱英国国旗为由，命军舰3艘、陆战队2000人向虎门开进，挑起战端。又因1856年年初，法国传教士马赖在广西西林被处死，法国遂决定加入英国远征军惩戒大清国。英法联军于1857年年底攻占广州。1858年6月，英法军队到达天津，迫使清廷签署《天津条约》。一年之后，英法特使携舰队欲前往北京正式换约，途中与清政府发生龃龉。联军在天津大沽与僧格林沁率领的清军交战，结果联军大败。为此，1860年8月英国与法国重组军队远征大清帝国。此后，英法联军攻陷大沽炮台，占领北京城，焚毁圆明园，对大清进行了带有羞辱意味的报复。是年10月，清廷与英法签署城下之盟。此时，俄美两国也趁火打劫，各取其利。研究第二次鸦片战争的专家黄宇和教授指出，第二次鸦片战争实际上也是一次世界大战——四大洲之亚洲、欧洲、美洲、非洲，六大国之中国、英国、法国、俄国、美国、印度，均卷入其中。联军中，包括了不同肤色、不同种族的官兵，从法国北非殖民地的非裔士兵到印度锡克骑兵，不一而足。在中国历史上，第二次鸦片战争也是一个转折点。领教了西方的船坚炮利，清廷被迫走上了洋务运动的道路。此举虽然治标不治本，却具有深远的意义。

1887年，晚清改良思想家、外交家薛福成（1838—1894）在反思第二次鸦片战争时指出："英人初志在得入城见大吏，借以通隔阂、驭商民，乃粤民一激再激，叶相（叶名琛）复一误再误，使拱手而有粤城……益知中国易与，遂纠法、俄、美三国兵船北上，驶入大沽，阻我海运，立约而还……粤民激于前此大府议和之愤，万众一辞，牢不可破，必阻其入城一事以为快，屡请屡拒，纷纭者二十年，而大沽之失，天津之约，皆成于此，由今观之，甚无谓也。"[1]第二次鸦片战争爆发时，薛福成刚刚成年。他对战争的解读源自贴近那个时代的洞察、概括和分析，实在有助于今人理解那场遥远的战争。

史学家罗家伦曾说："中国史学家最不注重图画。要使史书有生气，图画是一种有力的帮助。如1859年大沽口之战，中国炮台打沉了四艘英法的兵船，重伤了六艘，可以说是近代对抗外国海军唯一的胜利。而大沽口炮台的建筑，和竹签泥港的排列法，只是外国还有图画。"[2]正是基于这样一种研史路径，本书编者试图通过由画入史的形式，利用原始文献、史家专著，解读画家记录的历史瞬间及其背后的历史故事。本书还试图将中西方文字资料、图像进行对照，呈现真实的战争与被图像"形象塑造"后的战争，并探讨西方媒体宣传在战争中的作用与影响。本书所用的图像资料，以西画为主，包括现场写真、报刊书籍配文插图、历史画作、漫画、地图等。

西方媒体很早就注意到，对重大事件特别是战争事件的报道，最能吸引读者，其效果相当于今天的"新闻头条"。所以，媒体经常特派记者兼画家奔赴前线报道战况。这些特派员相当于今天的战地摄影师或摄像师。他们将所见所闻撰文、绘图寄回本国。1856年10月，第二次鸦片战争爆发。自

---

[1] 齐思和等：《中国近代史资料丛刊：第二次鸦片战争（一）》，上海人民出版社，1978年，第233—234页。

[2] 罗家伦：《研究中国近代史的意义和方法》，载《国立武汉大学社会科学季刊》，1931年2卷1号，第154页。

1857年1月17日起，英国媒体《伦敦新闻画报》遂开辟新的专栏《对华之战》（*War with China*）。为其供稿的画家兼记者查尔斯·沃格曼（Charles Wirgman，1832—1891）正是《伦敦新闻画报》遣往大清帝国的特派员。

战地画师具有超出当时战地摄影记者的不少优势。画板在手，即可以穿梭于硝烟战火之中，绘下战斗实况。特派员的画，连同文字说明，极具新闻实录色彩。绵延160多年后，这些图画将历史的刹那定格，仍然让人感受到当时激战的场面和气息。譬如画师笔下所绘英法联军攻陷大沽炮台的场景，栩栩如生，充分表现了战斗的激烈。由于当年照相机机身笨重，技术要求复杂，战地摄影记者机动性很有限。即使大牌摄影师费利斯·比托（Felice Beato）也只能战斗结束后再拍一下布满了清军尸体的大沽炮台。

19世纪中叶的西方政客、外交官、军事长官十分看重大众传媒对公众的影响和对官方政策及行动的支持。英国首相巴麦尊就是运用媒体的高手。1850年代，《泰晤士报》在英国报业集中化过程中成了英国舆论的龙头老大。为了控制《泰晤士报》，巴麦尊将该报一些重量级人物拉进内阁及他的社交圈。此后，《泰晤士报》变成巴麦尊宣传其对外政策的重要平台。1860年10月下旬，率军进入北京的英国全权特使额尔金勋爵在得知《泰晤士报》随军记者被清军押作人质，死于监狱后，决定焚毁圆明园。其理由之一即"如果我不替记者报仇，那《泰晤士报》会怎么评价我呢"[1]。

有关第二次鸦片战争的战时绘画在西方中国图像发展史上可以说是一个高峰。第一次鸦片战争爆发时，《伦敦新闻画报》尚未创刊，战时绘画寥寥无几，而第二次鸦片战争的图像数以百千计地出现。像以如此大量、如此密集的画作，通过主题汇集的方式描叙远东战事的情况，此前绝无仅有。这一时期西方的新闻画风，虽然也有贬抑褒扬，但总体来说是写实的。画家基本如实描绘重大事件，如中英、中法官员谈判签约。这与1894—1895年甲午战争时日本浮世绘非常夸张的"扬日贬中"的风格大相径庭。日本《日清韩谈判之图》就是一例。画中可见，日本代表身材高大、威武、挺拔，戎装一丝不

---

[1] 格兰特、诺利斯：《格兰特私人日记选》，陈洁华译，中西书局，2011年，第92页。

苟，单手叉腰，另手持剑，呈站姿，居高临下，正眼俯瞰。而大清代表袁世凯着装随意，坐姿猥琐，视线向上仰望日人，单脚抬起，双手张开，一脸的惊恐。画中展示的尊卑高低立现。

在第二次鸦片战争相关图像中，有一批直接表现了东方式的酷刑，如1856年马赖神父受"站笼"之刑。这些野蛮、残酷画面的真实性有待考证。但毫无疑问，它们助长了大清负面形象在西方长期不断的建构，并且这种建构直接或间接地服务了西方列强在华治外法权的建立与维系。

恭亲王奕䜣（1833—1898）是第二次鸦片战争后期代表清廷抚和的主要人物。作为特命钦差大臣的他自然成了画师、摄影师猎取的重要对象。1860年10月24日，英国全权代表额尔金勋爵与奕䜣签署《中英北京条约》。史上留有一图，系一名在现场的英国军官亨利·克里洛克（Henry Crealock）所绘。此画翔实地记录了签约的实况，弥足珍贵。画中27岁的恭亲王，在一位英军军官的指导下画押签字。这位年轻无知的亲王后来向额尔金透露，包括他自己在内的清廷官员居然不知道印度隶属英国，并一直认为英国是一个小小的岛屿，其一半以上居民生活在水上。清廷的颟顸与不明事理其来有自。早在1840年第一次鸦片战争时，林则徐即认为英军"倘因势迫奔逃上岸，该夷浑身裹紧，腰腿直扑，一跌不能复起。凡我内地无论何等之人，皆可诛此异类，如宰犬羊，使靡有孑遗"[1]。战争打了两年后，道光皇帝在一道谕旨中还询问：英国在什么地方？为什么英国人要卖鸦片？印度人在他们的军队中干什么？他们怎么会有个22岁的女人做国王？她结婚了吗？义律真的回国了吗？咸丰帝对英国的认知似乎与道光皇帝及林则徐当年相差无几。船过水无痕，1860年的清廷还没能从20年前的败绩中醒悟过来。

在描绘激战场面的图中，经常可见英法联军下级军官在战斗中身先士卒，发挥表率作用。史书中亦有详细记述，如在英军军官统领的印度锡克军团中，锡克士兵的跟进跟退，就看白人军官如何表现。在第三次大沽战役中，英军每10名伤亡人员中，就有1名是军官。军官伤亡比例之高实属罕见。从某种

---

[1] 林则徐全集编纂委员会编：《林则徐全集》第五册，海峡文艺出版社，2002年，第2600页。

意义上讲，英法军队下级军官的榜样作用也是联军取胜的原因之一。

"罗曼蒂克"一直是西洋绘画的一个经久不衰的主题。战争期间，随军画师当然不会忘记将浪漫元素加到军旅生活的画作中。1858年9月25日《泰晤士画报》刊载版画"联军护送英法全权代表前往谈判现场"，图中可见行军队伍里的联军小伙与东方姑娘眉来眼去。此情此景，无从考证，只能姑妄看之，很可能是画师的自我想象。

为了让读者对中西武备能有所了解，本书也收集了清军与英法联军武器装备的有关资料。显而易见，两者相比，相差不止一个数量级。根据相关材料的描述，英军的阿姆斯特朗大炮轻巧，机动性强，射程精准且远，法军的拿破仑大炮亦属上乘，而清军还在沿用17世纪荷兰人的炮械。同样，两军兵舰也有霄壤之别。

在建军思想方面，大清的迂腐可以上溯到一个世纪以前。早在1762年，清缅战争爆发，清军遭遇了从英国东印度公司购买洋枪洋炮的缅甸军队，三战皆败。自此八旗将领领略了热兵器的威力，申议购买洋枪洋炮装备军队，但乾隆帝竟认为"骑射乃建州之本"，拒绝了这个动议。而此时，西欧已进入工业革命时代，几个三级跳，将"天朝上国"远远抛在身后。风过无影，大清国历经几连败——第一次鸦片战争、第二次鸦片战争、中法战争、甲午战争、八国联军侵华之战——也未能痛定思痛，汲取教训，彻改文化落后、吏治腐败、军备废弛之局。笔者在翻阅各类西方画报时，看到所报道的是19世纪中叶西方科技的突飞猛进：造巨舰，修铁路，铺设海底通信电缆，生产机动火炮、步枪、手枪……再比看大沽炮台图中大清守军使用的弓弩——如此差距，实在令人扼腕！

除了图片，本书还搜集了一批作战示意图，如广州城战役图、佛山战役图、联军直隶湾军事行动图、八里桥战役图等。这些地图一目了然，实为文字无法代替。它们详述了地理、军队部署、船只位置、炮台、路障、水障、火炮弹道等，可助读者从另一个角度深入了解两军的战略、战术及战役过程。是研究地理史、军事史不可多得的第一手文献。

视觉图像比文字直白，但有些图像却是不易解读的，要求观图者具备历史知识储备和辨析能力。对笔者来说，分析图像的真假也是一个挑战。在编书的过程中，笔者发现，有些图像完全是杜撰的，跟画师自己的观察或现场目击者事后的回忆大相径庭。譬如，两军激战北京城一图实系子虚乌有，实际情况应是英法军队兵不血刃拿下北京城。

据视觉方法论研究专家吉莉恩·罗斯（Gillian Rose）的著作《观看的方法：如何解读视觉材料》所述，图像用视觉语言转述世界，"但转述本身绝非毫无心计"，影像从来就不是观看世界的"透明窗户"。从整体看，西方媒体是有倾向性的。他们配合政府，主导民意，宣扬尚武精神与骑士传统，贬抑东方，以达到为出师正名之目的。同时，西方媒体有选择地自行约束。如英法画师明知联军抢掠、焚烧圆明园为失道之举，却对如此骇人听闻的恶行收墨停笔，罕有记录。不过，也有少数画师，秉笔直书，如有一图描述英国领事巴夏礼带兵进占广州城后四处张贴布告一事，画家在背景中绘有英军士兵推搡、欺侮手无寸铁的广州百姓的情形。观看此景，观画者即对所谓正义之师、文明之师的行为起疑。

掩卷回首，1856年至1860年的第二次鸦片战争令人不禁百感交集。如何理解西方"文明"与"野蛮"共存的现象，一直是中国知识分子的困惑。笔者编著此书之际，这种探索的疑惑更是贯穿整个过程。为了达到国家利益最大化的目的（发动第二次鸦片战争的主谋英国首相巴麦尊的旷世名言，即"没有永远的朋友，也没有永远的敌人，只有永远的利益"），1840年、1856年维多利亚女王旗下的英军施武，强迫大清与世界"接轨"，清廷不"接"，遂起战端。巧合的是2001年，维多利亚去世百年之际，中国主动与世界接轨，加入了世界贸易组织。自由贸易本无可厚非，但鸦片贸易夹带对东方经济的掠夺和对大清国人精神与肉体的荼毒就"恶莫大焉"了。鸦片，从某种意义上讲，是一锅粥里面的一粒老鼠屎，而"文明"的英国用"野蛮"的战争强迫中国喝粥，正是让人匪夷所思之处。在检视清廷的封闭、愚钝，以及文化、科技的整体落后时，我们常有惋惜、遗憾之痛，同时也有薛福成的由衷感叹：国人所谓"由今观之，甚无谓也"。

面对百年国耻，我们可以知耻而后勇，可以以平和的心态、客观的角度，研究过去、保存记忆、展望未来。西方哲学家巴鲁赫·斯宾诺莎（Baruch de Spinoza）曾将人类的喜怒哀乐看作自然界中的风雨雷电，希望人们像了解自然万物那样去了解人类。他曾说，"我万般小心，对于人类的行为，我不嘲笑、不悲叹、不谴责，只是努力地去理解"。这或许给我们提供了一条新的思辨、解读历史之路。

凡　例

1.书中出现的旧制单位及英制单位说明：由于书中多引用清代文献和外国文献，为使得前后文叙述符合当时语境，且前后文统一，故本书不再于正文中将中国旧制单位和英制单位改写成现代单位，仅在此统一说明换算情况：

威丰年间度量衡：

1尺 ≈ 0.32米

1里 ≈ 530米

1亩 ≈ 614平方米

1英里 ≈ 1.6千米

1码 ≈ 0.9米

1英尺 ≈ 0.3米

1英寸 =2.54厘米

1平方英尺 ≈ 0.09平方米

1海里 =1.853千米

1磅 ≈ 0.45千克

2.一些不常用的单位，即在文中直接换算，如"南边的城墙与珠江平行，离珠江只有15—20个标杆（rods, 1rods=5½码，即75—100米）"，"温度也高达华氏90度（约为32.2℃）"等。

3.本书主要收集整理的是各国有关第二次鸦片战争的图片资料，大致体例为：图片标题、图片、图片出处、相关文字说明。

4.书中存在少量同一人名、地名、船舰名等，前后翻译或拼写略有不一致的情况，是出处不同导致的，为尊重各类引用文献，书中不做大规模统一处理，只在必要时说明。

目

录

楔子

历史三调：晚清的鸦片、教案、商船事件

印度：鸦片的诞生

1840—1842年第一次鸦片战争后，大清帝国鸦片市场大开。1850年代，英国东印度公司在印度巴特那（Patna）和比哈尔（Bihar）等地，大规模生产鸦片。

巴特那距离港口城市加尔各答约600公里。英国东印度公司雇用印度劳工，从事田间作业，种植罂粟，然后将原材料运往工坊加工。一个熟练的工人每天生产大约100个鸦片球。此后，东印度公司将成箱成箱的鸦片从巴特那沿恒河运到加尔各答，销往大清帝国。

1851年，时任驻孟加拉英军的地图测绘专员沃尔特·斯坦霍普·舍威尔（Walter Stanhope Sherwill）少校出版了《印度鸦片·大清市场：鸦片制作流程》一书，详尽介绍了鸦片生产的过程。书中描绘的鸦片制作、运输规模之大，生产流水化程度之高，管理之缜密，今天看来，都不失震撼。

The Indian Opium, Its Mode of Preparation for the Chinese Market（1851）

《印度鸦片·大清市场：鸦片制作流程》

鸦片工厂检验大厅

The Indian Opium, Its Mode of Preparation for the Chinese Market（1851）
《印度鸦片·大清市场：鸦片制作流程》

　　从鸦片种植地送来的未加工鸦片，都要先进行检验。工人将原材料放入一个个土质容器中，用手触摸或用勺子插入原材料中，以确认浓稠度。每个容器都有标号。第一道检验工序完成后，还会在化学实验室进行检验，再次确认容器中鸦片原材料的浓稠度和纯度。

鸦片原料混合工坊

The Indian Opium, Its Mode of Preparation for the Chinese Market（1851）
《印度鸦片·大清市场：鸦片制作流程》

经过检验的鸦片原料进入混合工坊后，被放进诸多大槽里，工人用耙子一样的
工具搅拌，直到鸦片成为均匀的糊状。

鸦片制球工坊

The Indian Opium, Its Mode of Preparation for the Chinese Market
（1851）
《印度鸦片·大清市场：鸦片制作流程》

　　在鸦片制球工坊里，每个工人都配备有一个铜模。他们先是将糊状的鸦片原材料和水在铜模里混合制成球，然后用罂粟叶包好。每个球的大小基本一致，重量大约为1.5公斤。熟练工人一天可制作约100个鸦片球。为了节约成本，鸦片工厂雇用了大量童工。该图显示童工在运送鸦片球时一路小跑，劳动强度之大，可见一斑。

鸦片烘干工坊

The Indian Opium, Its Mode of Preparation for the Chinese Market
（1851）
《印度鸦片·大清市场：鸦片制作流程》

　　来自制作工坊的鸦片球，均要被放进一个个土钵中烘干才能入库保存。每个鸦片球都要经过质量检查，工人们会用针状物戳刺，以确保发酵过的鸦片球内气体均已排出。

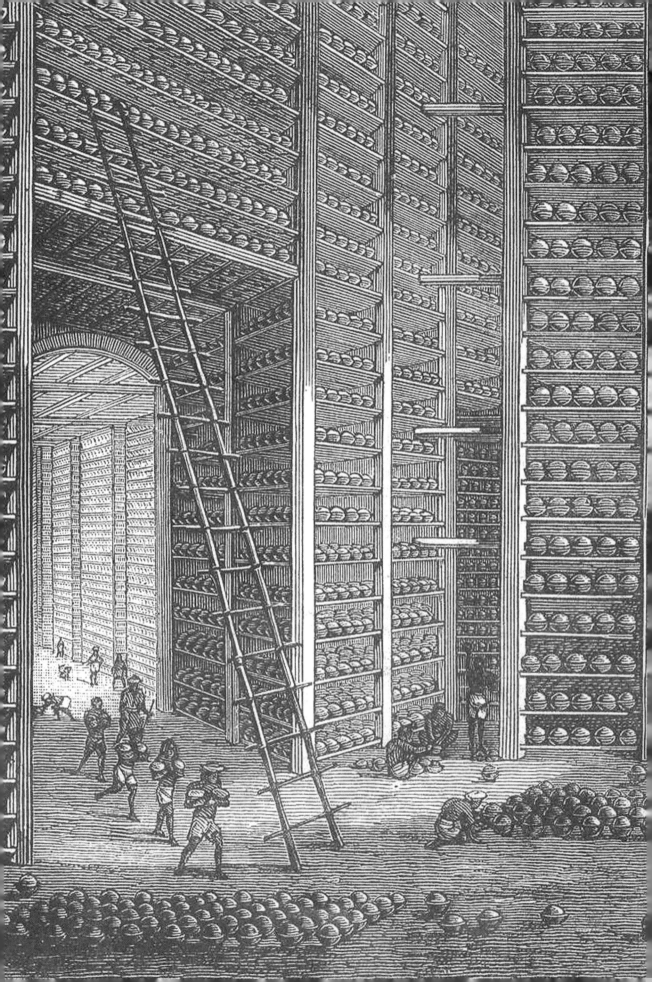

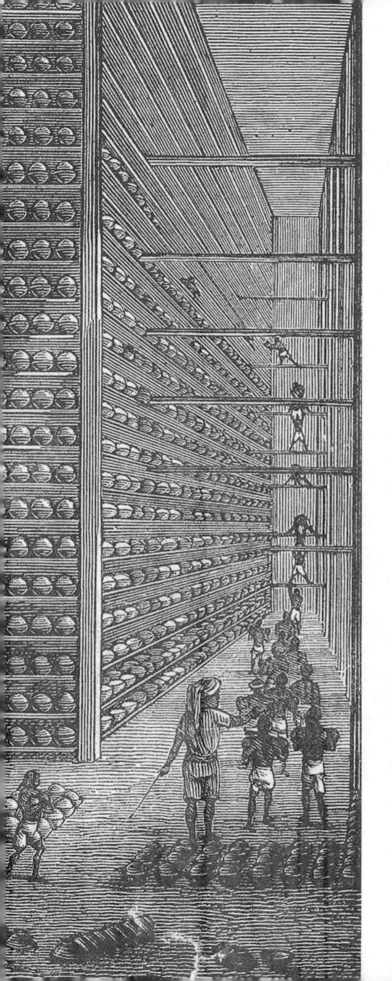

鸦片贮藏仓库

The Indian Opium, Its Mode of Preparation for the Chinese Market
（1851）
《印度鸦片·大清市场：鸦片制作流程》

鸦片球烘干后，即被放入仓库贮藏，之后装箱，经加尔各答运往大清帝国。出厂前，工人仍然需要时常检查。为了防止长虫或发霉，每个鸦片球都要裹上一层罂粟叶的干碎末儿。童工在运送、摆放鸦片球的同时，还要经常翻转架子上的鸦片球，保持干燥通风。图中可见持鞭的印度监工在发号施令。

沿恒河前往加尔各答的鸦片船队

The Indian Opium, Its Mode of Preparation for the Chinese Market（1851）
《印度鸦片·大清市场：鸦片制作流程》

满载鸦片的官方运输船队行驶在恒河上，最前面是探测水路的小船。官方船队在水道上有优先行驶权，当有别的船挡道时，小船便会击鼓通知它们避开，让鸦片船队先行。

大清鸦片馆内景一瞥

英国伦敦Day&Son出版公司，1866年3月15日出版版画

此图由托马斯·阿罗姆（Thomas Allom）绘于1866年。

19世纪中叶，大清帝国鸦片烟民甚众。图中的烟馆一片狼藉，烟枪鞋子散落一地，一个失去知觉的烟民被抬出烟馆，另两个烟民手持烟枪，呓语连篇，一副醉生梦死的样子。

西林教案：马赖之死

早在1856年10月"亚罗号事件"，即英国与大清发生冲突以前，法国与大清就因1856年2月广西"马赖事件"产生了龃龉。

马赖（Auguste Chapdelaine, 1814—1856），法国巴黎外方教会神父，1850年代初来华传教。1844年，大清与法国签订《黄埔条约》，规定法国人只能在上海、广州、宁波、厦门和福州五个通商口岸传教，不得去其他地方。条约规定："法兰西无论何人，如有犯此例禁，或越界，或远入内地，听凭中国官查。"1852年，马赖神父违禁进入湖南、贵州和广西传教。1855年，马赖来到广西西部偏远地区西林县布道。当时的西林知县黄德明将马赖传到县衙，劝其离开。可是马赖在当年冬天又回来了。

1856年，新任西林知县张鸣凤上任，先是发出警告，随后下令逮捕马赖。2月24日，马赖及其随众白小满、曹桂英（女）及20多名教徒一起被捕。审讯后，马赖被定罪处死。英法媒体的一种说法是马赖被刑以站笼，未死，遂被斩首，其后内脏被掏。此说虽无确凿证据，但在西方广为流传。英国外交大臣克拉兰敦（Lord Clarendon）引其为例，使英法远征大清更加师出有名。

1856年7月，法国得知"马赖事件"，其驻大清公使顾随（René de Courcy，又译为顾思或科尔西）按法国官方指示，于7月25日照会两广总督叶名琛，指称大清违反了《黄埔条约》，即法国籍嫌犯应交由法国公使馆审理，提出要和叶总督面晤，并要求大清向法国赔偿。8月20日，顾随才得到叶名琛迟到的回复。叶的态度令顾随非常不满，照会内容在法方看来也是搪塞，完全不能解决问题。于是，顾随威胁说，法国为了保护天主教徒的利益，要不惜使用武力使大清就范。

按大清条例及当时签订的条约，马赖到未经允许之地传教确为违法行为，但罪不至死，根据《黄埔条约》可将其递解出境。可大清地方官员对马赖等人所施的刑罚，以及清廷的怠惰、敷衍，使"马赖事件"成为一个契机，让英国得以游说法国结盟，联合对华开战。实际上，在"马赖事件"之前，法国传教士事件也屡屡发生，但法皇拿破仑三世却从未采取任何军事报复行动。不少历史学家总结，马赖之死，使法兰西第二帝国为攫取海外利益找到了一个新借口。

马赖肖像

Crypte de la Chapelle des MEP（巴黎外方传教会）

    马赖，1814年1月6日生于法国诺曼底地区的拉罗谢尔，早年在家务农，后入修道院学习。1843年6月10日，晋升为神父。1852年，受巴黎外方传教会派遣，参与广西传教事务。1856年，在西林被处死，史称"西林教案"，或"马赖事件"。

马赖之死

Le Monde Illustré（1858–02–27）

《世界画报》

    清朝有一种刑罚叫站笼，又称立枷，是以一种特制的木笼，上端是枷，卡住犯人的脖子，脚下可垫若干块砖，受罪的轻重、时长全在于砖块的多少。此图是法国媒体1858年追溯报道的西林县县令下令处死马赖的场景。

商船事件：世界大战的小导火索

1856年10月8日上午，一艘名为"亚罗号"的商船停泊在广州的荷兰炮台（又名海珠炮台）附近的码头。该船虽在香港注册，却涉足协助海匪、接赃、走私。"亚罗号"入港前的9月6日，一名叫黄林纳的华人乘坐的船在珠江与海盗船发生冲突，黄幸运逃脱。此时正在码头上的黄林纳认出"亚罗号"船上的两名水手系9月6日在海盗船上参与不法活动的嫌疑人。黄立即报告清军巡逻水师。于是，水师千总梁国定率官兵40余人登船捕匪。"亚罗号"船长肯尼迪闻讯从附近船上赶回，立即加以制止。最终梁国定带走两名嫌犯及10名水手以资调查。肯尼迪遂将此事报告给英国时任广州代办领事巴夏礼，并声称混乱中"亚罗号"上的英国国旗被扯下。

巴夏礼首先要求清政府道歉，并知会大清官员，"亚罗号"在香港注册，理论上是英国船只，扯旗拘人是对英国的侮辱和对英国权利的侵犯。实际上，"亚罗号"本为中国商船，在香港的注册日期于1856年9月27日到期，算起来其英国执照已经过期了。但按香港法令［《船舶注册条例》（1855年第四号条例）*Registration of Vessels Ordinance*（No. 4 of 1855）］[1]，如果登记的船只在海上，执照可以延期到返回香港之时。巴夏礼还提出，中方应立即放人，因为即使船上有大清嫌犯，也应交与英领事馆审讯，审讯定案后，再由英方将嫌

---

[1] Lewis Hertslet, *A Complete Collection of the Treaties and Conventions, and Reciprocal Regulations at Present Subsisting Between Great Britain and Foreign Powers Vol. 10.*, London：H.M. Stationery Office, 1859, P.732.

犯引渡给清政府。大清官员拒绝了巴夏礼的要求。争辩中双方发生冲突，巴夏礼在自己的信件中提到，他还被打了一下。

1856年10月21日，巴夏礼就"亚罗号事件"向两广总督叶名琛发出最后通牒。叶答应释放嫌犯和水手，但因未扯落英国国旗，不允道歉。此时叶总督可调派的官兵数量有限，因为大部分军队已被派去镇压农民起义军。10月22日，最后通牒时间到，巴夏礼知会英国军方。英国驻华海军司令西马糜各厘（Michael Seymour）第二天率炮舰奔广州而去。第二次鸦片战争——又称亚罗战争——旋即爆发。

珠江上的"欧式中国船"

The Illustrated London News（1857–03–14）

《伦敦新闻画报》

　　图中的商船与"亚罗号"类似。这种商船与中国传统船只不同，其船体属于欧式，船帆则是中式的。欧式船体行驶速度快，载货量大。中式船帆则易于操控，造价低廉，只需少数船员即可操作。

"亚罗号事件"

Cassell's Illustrated History of England（1896）
《卡塞尔英国图史》

　　此图描绘清军官兵登上"亚罗号"商船，扯下船上的英国旗帜。但时至今日，史学界对是否有扯旗之事、扯的是什么旗仍有争论。不论如何，对一直寻机挑战广州禁止洋人入城令的英国人来说，"亚罗号事件"着实提供了一个机会。但是，借此发动战争实在是牵强。在引述法国对华最后通牒时，第二次鸦片战争的重要人物、英国使华全权特使额尔金曾说，法国人"对华开战的理由比我们充分得多"。

第一部

广东：天朝夷敌

广州之战

1856年10月16日，两广总督叶名琛派行商伍崇曜会见英国驻广州代办领事巴夏礼，希望就"亚罗号事件"达成谅解。伍崇曜，大清富商伍秉鉴第五子，原名元薇，商名绍荣，字良辅，号紫垣，广州南海人，清朝广州十三行怡和行行主。英国驻香港总督包令（John Bowring）指示巴夏礼拒绝谈判，并决定进一步采取高压手段。《伦敦新闻画报》认为："大清人似乎明白了通过谈判无法解决问题，而西马縻各厘决心与中国总督对峙下去，看谁更倔。"

英国舰队很快越过虎门，于10月23日直逼广州。当西马縻各厘乘坐的舰船到达广州时，其部队已经攻占了部分炮台。当日4时，巴夏礼照会叶名琛，宣布英军已到广州，并占领了许多炮台，以示威逼。此时叶名琛正在校场看乡试马箭。为了稳住人心，他未露丝毫畏惧之意。有下属提醒他不可大意，叶督笑道："必无事，日暮自走耳。但省河所有之红单船及巡船，可传谕收旗帜，敌船入内，不可放炮还击……"[1]

此后几日，各炮台的官兵遵照叶名琛指示，不发一枪一弹，在英军进攻时只能撤离炮台。叶的态度很明确，避免同英国人打仗。当无法避战时，也决不发第一枪，以免被诬告。一方面，叶希望借此激怒广州百姓，使他们能奋起抗敌；另一方面如果英军坚持诉诸武力，老百姓便会支持政府对敌作战。为了打击英国的贸易，10月26日，叶名琛下令关闭广州海关。面对叶的举动，

---

[1] 齐思和等：《中国近代史资料丛刊：第二次鸦片战争（一）》，上海人民出版社，1978年，第165页。

英军决定增加压力。10月28日，西马縻各厘下令炮轰广州。从这天起，英军每隔5—7分钟就炮击一次。此时，总督府多数人已离去，而叶名琛正襟危坐于府中，毫无惧色，发布命令悬赏杀夷。

10月29日，英军分数路攻入广州城。城内的清军继续抵抗，打死英兵3人，伤11人（注：英军统计数字）。最终，西马縻各厘在巴夏礼陪同下，大摇大摆地走进了两广总督衙门，但发现此地空无一人。由于英军人数有限，不宜久留，只好退出广州城。此时，叶名琛避居在旧城巡抚衙门里。11月12日，英军攻占虎门横档炮台，次日又攻占虎门其他炮台。此后，在1857年6月佛山战役和英法联军进占广州之前，敌对双方的武装冲突从未停止。

1857年春，英国议会改选后，再次当选首相的巴麦尊决定扩大对华战争的规模。1857年3月20日，英国政府任命前加拿大总督额尔金为对华全权特使，并增派5000英军开赴大清。

1856年大战之前的广州图景（一）

Ballou's Pictorial Illustrated Journal（1858）

《宝楼氏画报》

珠江河床里的礁石上，耸立着两座炮台，分别是东炮台——法国炮台（French Folly Fort）和西炮台——荷兰炮台（Dutch Folly Fort）。西炮台较大，上面建有寺庙。两座炮台扼守着珠江水道，是防卫广州的重要屏障。

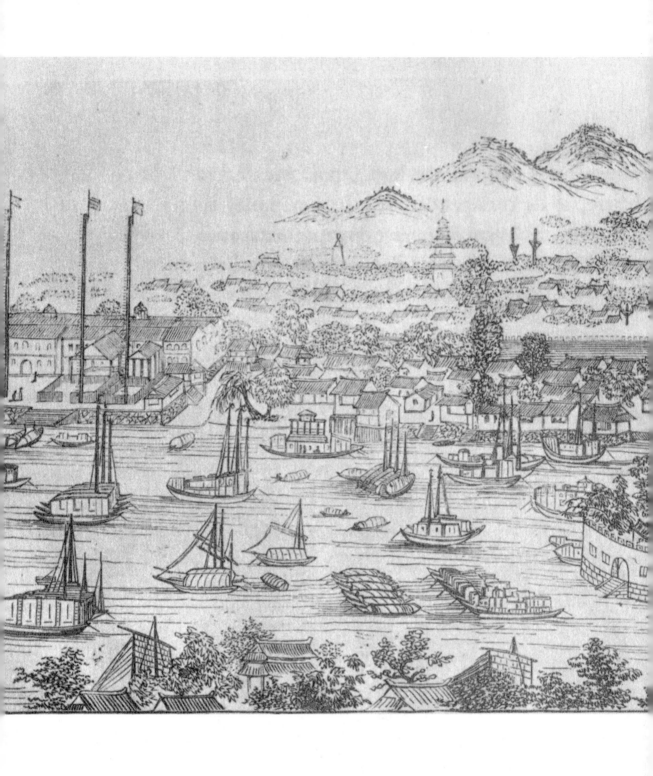

1856年大战之前的广州图景（二）

L'illustration Journal Universel
（1857–01–10）
《环球画报》

　　珠江上，满载货物的船只川流不息，一派繁荣景象。其中，圆形建筑为荷兰炮台，左边悬旗处为广州十三行。远处可见白云山、镇海楼。

广州城俯瞰图

The Illustrated London News
（1857–01–10）
《伦敦新闻画报》

　　此图为画家在城外山上绘制的广州城俯瞰图。城墙由方块状的石头和灰泥砌成，整个城墙有9英里长。每一个城门都有拱道，拱道上有一座炮楼，上设一门火炮。图右是镇海楼。

广州城内街景

The Illustrated London News（1857–02–14）
《伦敦新闻画报》

　　"此画由大清画师所绘。右下角是上等人出行乘坐的轿子。商店是开放性的。琳琅满目的商品一览无余。商店内布置洁净，货物摆放整齐诱人，顾客可随意挑选。墙上悬挂着各色条幅。吊在天花板上的灯笼增添了喜庆气氛。条幅上的文字大意是：'多做生意，少说话'；'上当一次，防范终生'。"（《伦敦新闻画报》）

广州虎门炮台

The Illustrated London News
（1857–01–10）
《伦敦新闻画报》

虎门位于珠江入海口，外接伶仃洋，内连狮子洋，全长约8公里。虎门两侧，东有沙角山，西有大角山，隔江对峙。从珠江口溯江北上约3.5公里为下横档岛，再往北0.6公里为上横档岛。上横档岛再溯江北上3公里，是一座江心大岛，即大虎岛。虎门便因此而得名。虎门是广州的门户，一旦失守，入侵的舰船便可直逼广州城。

The Illustrated London News
（1857–01–10）
《伦敦新闻画报》

大虎岛的北端设有几个炮台，沿河有一圈防护墙。第一次鸦片战争中，英军曾于1841年攻占此地。战后清军加固了炮台并配有重炮。正对虎门炮台的小岛上也有重兵把守。

珠江上的荷兰炮台

The Illustrated London News
（1857-01-17）
《伦敦新闻画报》

　　荷兰炮台位于海珠岛，是一座圆形炮台，主要用来保卫广州城西段的河道。因炮台建在海珠石（珠江中的一块大礁石，长133米，宽50米）上，又名海珠炮台。图左悬旗的船，应为清军水师的兵船。

The Illustrated London News
（1857-04-11）
《伦敦新闻画报》

　　海珠岛上建有庙宇，长有红棉树。在广州城战役中，英军用长钉在红棉树上作梯，观察广州城内的清军布防及军事动态。

香港九龙炮台

The Illustrated London News（1857–04–11）
《伦敦新闻画报》

　　"该图显示了香港岛对面的九龙炮台。从这些大炮能看出，大清人很喜欢鲜艳的颜色，他们将黑色大炮的炮口涂成红色。英军占领广州某炮台时，曾经发现6门铜铸大炮，可以发射16磅重的炮弹，从6门大炮可以看到大清火炮的发展历史。大炮奇特的造型引起了英国军官的注意。他们在炮管的后端发现铸有汉字和阿拉伯花纹，此外，还铸有'十'字，下面有'1697年'字样。有一门缴获的炮已被装上西马糜各厘的旗舰，准备运回英国。其他炮的炮筒已被填塞，无法再使用。经过仔细检查，这些炮均标有'康熙'字样，康熙出生于1654年，卒于1722年，是大清最著名的帝王之一。他允许耶稣会教士进入皇宫，甚至让他们参与管理。其中，一位叫佩雷·布恩（Pere Bouin）的欧洲人，被康熙任命为南京铸炮厂的总监，这些炮也许就是他监制的。"（《伦敦新闻画报》）

英军海军分遣队夺取虎门炮台

The Illustrated London News（1857–01–24）

《伦敦新闻画报》

此图反映的是1856年10月22日英舰攻击虎门炮台的情景。

下部图示（从左至右）分别为：

"接仗号"（Encounter）、"上横档炮台"（North Wantung）、"南京号"（Nankin）、"南亚娘鞋炮台"（South Annuchoy）、"大黄蜂号"（Hornet）、"下横档炮台"（South Wantung）、"杖鱼号"（Barracouta）、"加尔各答号"（Calcutta，旗舰）、"科洛曼德号"（Coromandel）。

被英舰摧毁的虎门炮台

The Illustrated London News
（1857–02–21）
《伦敦新闻画报》

The Illustrated London News
（1857–02–21）
《伦敦新闻画报》

　　1856年10月22日，英舰"南京号"和"加尔各答号"炮击虎门炮台。炮台护墙变成断壁残垣，英舰炮火之猛烈，可见一斑。占领炮台的英军将清军火炮拆得七零八落。为使其完全失去作战功能，英军将炮口填塞，并将清军弹药全部销毁。

大黄滘炮台

Narrative of the Earl of Elgin's Mission to China and Japan: 1857—1859
（Laurence Oliphant, 1860）
《额尔金勋爵出使华夏、东瀛见闻录（1857—1859）》

　　大黄滘炮台，又名车歪炮台，始建于1817年（清嘉庆二十二年）。它被西方人称为澳门炮台，不但扼守珠江中流的主要航道，还控制着支流，有珠江咽喉之称，是广州的护城炮台。炮台上装备有86门大炮。1856年10月23日，西马縻各厘指挥英军占领了大黄滘炮台。此后，英军、清军在此地数度交火。

英军占领荷兰炮台

The Illustrated London News
（1857–02–21）
《伦敦新闻画报》

荷兰炮台属于战略炮台，相当于珠江上一艘不沉的炮舰，其火力可有效封锁江面。1856年10月27日，英军占领荷兰炮台后，立即用其作为攻击清军的阵地。

The Illustrated London News
（1857–01–24）
《伦敦新闻画报》

"10月27日，英军占领荷兰炮台。当日晚间，18名英国皇家炮兵搭乘'百合花号'（Lily）来到广州，于第二天一早占领荷兰炮台并掌控了两门发射32磅炮弹的大炮。28日下午1点开始，英军从荷兰炮台炮击广州，英军炮兵的任务是要在广州城墙上打开缺口。与此同时，'接仗号'炮舰也开始炮击广州。广州城的制高点上布满了清军，他们显然并不畏惧。开始的15分钟里，荷兰炮台共发射了18枚炮弹，'接仗号'也是每隔15分钟至20分钟发射1枚炮弹。这样有规律的炮击一直持续到天黑才逐渐放缓。在如此猛烈的炮火下，总督府于下午2点起火燃烧，火势持续了一个下午，并向周边蔓延。"（《伦敦新闻画报》）

英舰炮击广州图

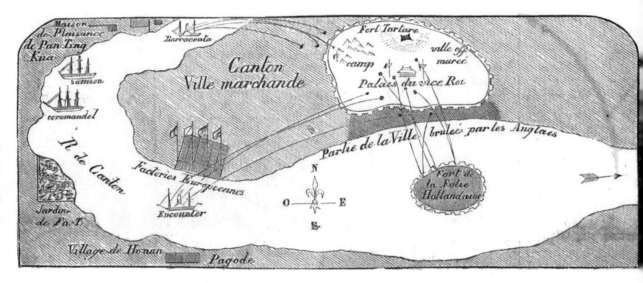

L'illustration Journal Universel（1857–01–10）

《环球画报》

图示（从左至右）：

Maison de Plaisance de Pan Ting Kua：潘家园；

Samson：（英舰）萨姆森号；

Coromandel：（英舰）科洛曼德号；

R de Canton：珠江；

Jardins de Fa-Ti：花地花园；

Village de Honan：河南村；

Pagode：宝塔；

Barracouta：（英舰）杖鱼号；

Canton Ville marchande：广州乡镇；

Factories Europeennes：欧洲工厂；

Encounter：（英舰）接仗号；

Fort Tartare：鞑靼炮台；

camp：兵营；

ville off murcé：城墙；

Palais du vice Roi：总督府；

Parlie de la Ville brulcé par les Anglais：被英军摧毁的广州部分城区；

Fort de la Folie Hollandaise：荷兰炮台。

　　1856年10月28日，英舰"杖鱼号"从西边炮击广州城内清军制高点。在广州十三行附近的"接仗号"从西南方向炮击总督府。已占领荷兰炮台的英军，也向广州南城墙和总督府连连发炮。图左可见两艘待命的英舰："科洛曼德号"和"萨姆森号"。

被炸毁的部分广州城墙

The Illustrated London News
（1857–01–17）
《伦敦新闻画报》

　　此图是广州城战役后一位英军军官在荷兰炮台上所绘，士兵对面是被炸毁的广州城墙。1856年10月28日下午，英军的炮击引发大火，烧了一整夜，南城墙后面两三百码的地区被夷为平地。

英舰炮击广州城附近的法国炮台

The Illustrated London News
（1857–01–24）
《伦敦新闻画报》

　　1856年10月28日，英军炮舰"杖鱼号"和"科洛曼德号"炮击广州城附近的法国炮台。炮击一直持续到深夜，据目击者回忆，当时的炮火声震耳欲聋。

英军占领法国炮台

The Illustrated London News（1857–01–24）
《伦敦新闻画报》

　　法国炮台，坐落在一个四面环水的小岛上，位于广州东城外的东濠涌口，又名东炮台，正式名称是东定炮台，亦称东水炮台。东炮台是守护广州城东面的最后一道防线。1856年10月28日，英军炮击并占领了东炮台。英军离去后，清军又重新占领。11月6日，战事又起，英军再度攻击东炮台及附近清军水师。清军战船先后被英舰击毁，东炮台遂告失陷。

英国驻广州领事巴夏礼作别大清富商

The Illustrated London News（1857–02–21）

《伦敦新闻画报》

　　"1856年10月29日，英舰的炮击仍未停止，'接仗号'早上7点半起开炮，很快，荷兰炮台也开始炮击。'科洛曼德号'沿江而下，去运载更多的水兵。上午10点，伍崇曜与一位帽子上只有蓝顶而无花翎的大清官员前去拜会巴夏礼。他们交谈了近一个小时，言辞激烈。……那位大清官员是叶总督派去了解英法要求底线的。会晤中，巴夏礼传达了海军总司令的要求：'驻广州的外国代表需与其他口岸的外国代表一样，享有谒见大清地方最高官员的待遇。'同时，他还告知这位官员，西马縻各厘决定去总督衙门面见叶名琛，如果不为他打开城门的话，他将'破墙'而入。会晤结束后，行商伍崇曜和官员与随从，从花园的石梯处登上一艘商行的小船离开了。"（《伦敦新闻画报》1857年1月24日）

1856年11月6日作战示意图

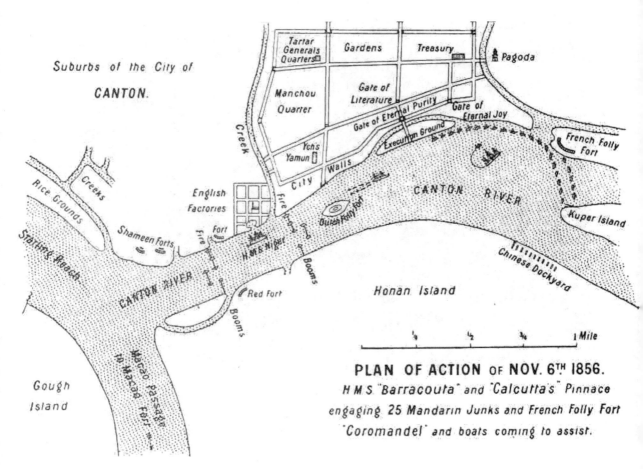

Hurrah for the Life of a Sailor! Fifty Years in the Royal Navy（1900）
《水兵万岁！英国皇家海军50年》

图右下说明：

1856年11月6日作战示意图——英军炮舰"杖鱼号"和"加尔各答号"与25艘清军水师兵船开战。

图中可见，位于法国炮台左下端的两排点状弧线即清军水师兵船。英舰"科洛曼德号"及8艘小船从荷兰炮台向东行驶，前来支援。

11月3日清晨，23艘清军水师兵船冒着英军的炮火，突然展开了反击。战后，西马縻各厘说："这些船发起猛烈的反攻，坚持了至少35分钟。"

英军进攻广州各炮台示意图

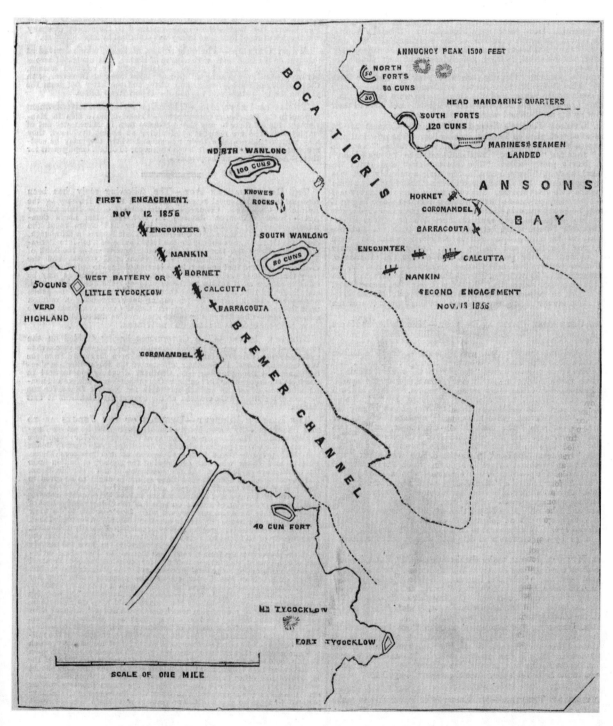

The Illustrated London News（1857—01—31）《伦敦新闻画报》

1856年11月12—13日英军进攻广州各炮台示意图（比例尺为1英里）。图中从右至左分别为：

Annuchoy Peak 1500 Feet：亚娘鞋岛（现为威远岛）1500英尺；

North Forts 80 Guns：北炮台（镇远炮台）80门炮；

Head Mandarins Quarters：大清官员驻地；

South Forts 120 Guns：南炮台（威远炮台）120门炮；

Marines Seamen Landed：海军陆战队登陆地点；

Ansons Bay：宴臣湾；

Hornet、Coromandel、Barracouta、Encounter、Calcutta、Nankin：“大黄蜂号”“科洛曼德号”“杖鱼号”“接仗号”“加尔各答号”“南京号”；

Second Engagement Nov.13 1856：第二次战斗1856年11月13日；

Boca Tigris：虎门；

North Wanlong[1] 100 Guns：上横档炮台100门炮；

Knowes Rocks：礁石；

South Wanlong 80 Guns：下横档炮台80门炮；

First Engagement Nov.12 1856：第一次战斗1856年11月12日；

Encounter、Nankin、Hornet、Calcutta、Barracouta、Coromandel：“接仗号”“南京号”“大黄蜂号”“加尔各答号”“杖鱼号”“科洛曼德号”；

Bremer Channel：布雷默河道。

West Battery or Little Ty-cock-low 50 Guns：50门炮的西炮台或大角山；

Verd Highland：芦湾；

40 Gun Fort：40门炮的炮台；

Ty-cock-low：大角山；

Fort Ty-cock-low：大角山炮台。

　　11月12日，英军再次攻击虎门炮台。经过1个多小时的激战，横档炮台失守。13日，亚娘鞋岛炮台失守，江面的控制权落入英军之手。但此后几日，清军水师仍利用一切机会袭扰英军。

---

[1]　图中标注有误，疑为Wantong或Wantung，下同。

美国军舰"朴次茅斯号"与清军开战

National Maritime Museum（英国国家海事博物馆）

　　1856年11月15日，美国军舰朴次茅斯号（Portsmouth）在珠江上的一个炮台对面进行水文测量时，遭到清军炮击，造成1人死亡。美国驻华海军舰队司令命令反击，经过1小时30分钟的战斗，清军炮台沉寂了下来。朴次茅斯号身中12发炮弹，并且1人受重伤。美国海军中队的另外两艘军舰，也被炮弹击中。第二天，清军在炮台墙外架设了6门大炮，美国军舰没有采取任何行动。美舰指挥官登上了停泊在黄埔港的圣哈辛托号（San Jacinto）军舰，与美国驻华公使伯驾（Peter Parker）商谈。随后，美使给清廷官员去函，要求对方在24小时内给予赔偿，无果。11月21日，美舰黎凡特号（Levant）、朴次茅斯号、圣哈辛托号上的美军乘桨划艇连续攻占珠江上的3个炮台，摧毁124门大炮。22日，美军袭击四方炮台，并摧毁那里的41门大炮。

清军官兵

The Illustrated London News（1857–01–17）
《伦敦新闻画报》

清军武备中的冷兵器多于热兵器。

图中前三位军人不像清军，是因为西洋画家常常把中国人画得像洋人。

"清军的基本着装是蓝色的，前后各有一块圆形的白色补丁，上面标有'勇'字。帽子上有一条红色的流苏，军官的帽子上还有一个球状物。"（《伦敦新闻画报》）

清军督阵

The Illustrated London News（1857–02–07）
《伦敦新闻画报》

清军督阵手持军刀，胸前悬鼓，背插红旗，上书"督阵"。

广州城内的清军士兵

The Illustrated London News（1857–02–28）
《伦敦新闻画报》

　　此图是一位守街的清军士兵。

清军水师老式战舰

The Illustrated London News（1857–03–21）
《伦敦新闻画报》

　　"因为与大清帝国战事相关，所以我们在这一周介绍他们的战舰。大清战舰在过去几年中已经有了很大的改进。20年前，大清的战舰都很短小，是用不规则的木头制成，样子丑陋，很难驾驶。当时，大清战舰让全世界其他国家的水手都极疑惑，这样的船怎能在波涛汹涌的海上航行呢？从那以后，大清加快海军建设。尽管其造船口味比较特别，但已经进步很大，更加适用于航海了，机动性和速度都得到大大的提升。"（《伦敦新闻画报》）

清军水师兵船

Le Monde Illustré（1858–03–20）
《世界画报》

　　"大清一个古怪的设计理念一直延续至今，便是船头有一个大大的眼睛。他们好像认为，如果船没有眼睛就没法辨别方向。"（《世界画报》）

清军水师一级战舰

The Illustrated London News（1857–03–21）
《伦敦新闻画报》

"20年前，他们的火炮位于舷墙上，当今其一级战舰跟我们的已经很相近了。火炮的位置位于上下甲板之间，炮的规格也令皇家海军军官感到吃惊，有很多炮甚至比我们铸造的都大、都重。船帆的材料也今非昔比。"（《伦敦新闻画报》）

清军水师二级战舰

The Illustrated London News（1857–03–21）
《伦敦新闻画报》

　　"在大清旅行的西方人都觉得这个了不起的民族精明能干，应该成为一个伟大的航海国家，大清也会为海军提供无穷无尽的资源。毋庸置疑，大清的海岸线非常长，河流也很多，沿岸的大清人都靠水吃水。即便在惊涛骇浪般的暴风雨中，我们的海军官兵也常常能在海上惊讶地发现大清的渔船，大浪几乎要吞噬那些可怜的小船。要不了多久，大清就会造出与欧洲舰船相似的船只。也许几年以后，我们就会看到海上有一支前所未有的大清舰队。"（《伦敦新闻画报》）

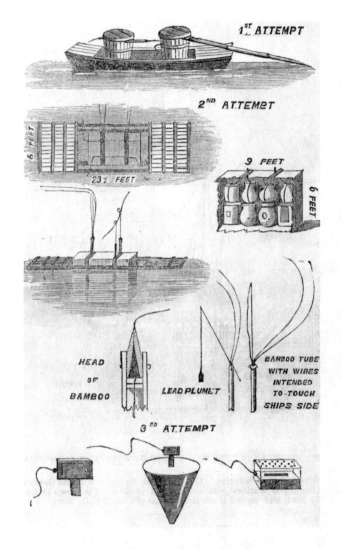

清军的火雷（一）

The Illustrated London News
（1857–03–14）
《伦敦新闻画报》

"1856年12月24日，清军的小船拖着一个装满炸药的舢板驶向我舰，在它接近船头时，被我们桨划艇上的哨兵拦截住。此时，舢板上竹管里的导火线已被点燃。

"1857年1月5日凌晨两点半，清军对我们进行了第二次偷袭，这次是用绑在一起的两个竹筏，竹筏上立着几根竹管，装有引爆装置。当吊在竹管上的小铅块触碰到船舷时，竹管顶端便会破开，继而点燃竹管内的火药。幸运的是，哨兵及时发现了竹筏，将它从炮舰边上移开。每艘竹筏上有一个装满罐子的沉箱，罐内装有炸药，重达17英担（注：1英担＝122磅，此处共计2074磅）。

"1857年1月7日早上4点半，清军发起第三次偷袭。这次是清军兵勇带着两个装有火绒锡盒的漂浮物，企图泅水接近我舰，但计划被我们挫败。"（《伦敦新闻画报》）

清军的火雷（二）

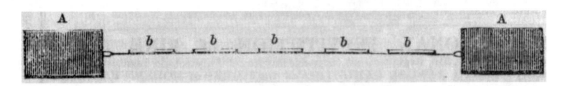

The Illustrated London News（1857-03-28）《伦敦新闻画报》

"此图是根据皇家海军'尼日尔号'（Niger）一名中尉的描述绘出的中式火雷。清军曾经几次试图用筏子装上炸药，炸毁'接仗号'，但是均未成功。因为它们顺流而下时，被我们拦截。每个筏子上有500公斤炸药，我将它们称为'地狱水雷'。

"通常他们使用两个筏子（注：图中的A），每个筏子上面有一个桶，桶里装满火药。两个筏子由40英尺长的绳子（注：图中的b）连接在一起。绳子穿过竹管，浮在水面。中国人的发明设计新颖，别出心裁。如果舰船的船头碰到绳子的中段，两个竹筏就会被拖近船的两侧。当筏子碰撞到船舷时，引爆装置即引爆炸药，将船炸毁。"（《伦敦新闻画报》）

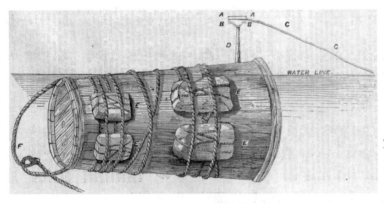

珠江上的清军水雷

The Illustrated London News
（1857–09–12）
《伦敦新闻画报》

"尼日尔号"的海军军官将清军水雷的有关信息发回英国。水雷本来用于炸毁"接仗号"，由于英军及时发现，清军计划破产。图中A、B为锡盒上下两端，锡盒在装有导火索的管子顶端。A装有火药；B在下端，装有更多的火药；C为引线。

广州十三行

The Illustrated London News（1857–01–31）
《伦敦新闻画报》

　　广州十三行，早年是明朝在广州设立的对外贸易特区内的十三家商行，集中在离珠江约100米的十三行街。1757年，清廷下令锁国，只留广州作为对外通商口岸。在广州设立洋行的有花旗国（美国）、红毛国（英国）、双鹰国（奥地利帝国）、单鹰国（普鲁士）、黄旗国（丹麦），以及法国、西班牙、荷兰、瑞典、葡萄牙等国。

广州十三夷馆地图

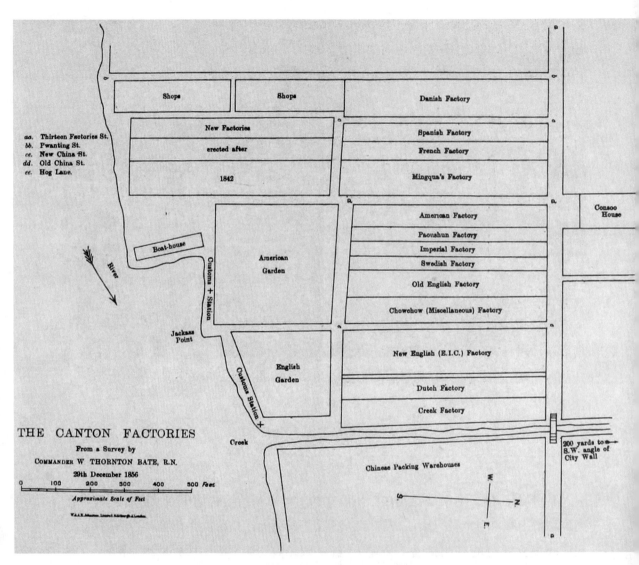

The International Relations of the Chinese Empire（1910）

《大清帝国的国际关系》

此图由英国皇家海军军官及测绘师威廉·桑顿·贝特（William Thornton Bate）所绘。贝特在1857年12月29日广州城战役期间随军攻城。据载，登岸后贝特正准备用六分仪测量城墙高度，被清军抬枪击中右胸，半小时后身亡。贝特死前不久，刚被晋升为英国皇家海军上校，他应是第二次鸦片战争中英军阵亡人员级别较高者之一。图中从右至左每列分别为：

Consoo House：公所；

Danish Factory：丹麦商馆；

Spanish Factory：西班牙商馆；

French Factory：法国商馆；

Mingqua's Factory：明官馆；

American Factory：美国商馆；

Paoushun Factory：宝顺馆；

Imperial Factory：帝国商馆；

Swedish Factory：瑞典商馆；

Old English Factory：老英国商馆；

Chowchow（Miscellaneous）Factory：炒炒馆（混合馆）；

New English（E. I. C.）Factory：新英国商馆；

Dutch Factory：荷兰商馆；

Creek Factory：小溪馆；

Chinese Packing Warehouse：大清货物集装仓库；

American Garden：美国花园；

English Garden：英国花园；

Boat House：船坞；

Customs Station：海关；

Jackass Point：码头/十三行户外活动场；

Thirteen Factories St.：十三行街；

Pwanting St.：联兴街；

New China St.：新中华街；

Old China St.：旧中华街；

Hog Lane：猪巷。

被摧毁前的广州十三行景象

The Illustrated London News（1857–04–18）
《伦敦新闻画报》

　　此图为大清画家的绘画。"十三行在这场战争中成了被报复对象。它位于广州城西南方向，曾经是一道靓丽的风景。大清对十三行的地面大小有所限制，与日俱增的商人们无从扩张。所以，扩大商业区也成了未来与大清谈判的内容之一……多年前，十三行曾飘扬着丹麦、瑞典、奥地利、英国、荷兰和美国的国旗，但在过去四分之一世纪中，外国国旗只剩下英国、荷兰、美国及1830年革命后法国的三色旗，大清人把欧洲商馆称为'十三行'。"（《伦敦新闻画报》）

被摧毁前的广州十三行街景

L'illustration Journal Universel（1858–05–15）

《环球画报》

　　广州十三行建筑颇具特色，采用三层楼结构，底层作货仓储物，二三层作公寓。十三行欧式风格的建筑华丽漂亮，碧堂是其中有名的一家，清人李斗《扬州画舫录》记述："盖西洋人好碧，广州十三行有碧堂，其制皆以连房广厦蔽日透月为工。"[1]

---

[1]　李斗：《扬州画舫录》，中华书局，1960年，第285页。

广州十三行遭到破坏

Illustrated Times（1857–03–21）

《泰晤士画报》

　　"根据12月16日发表于法国刊物*Moniteur de la Flotte*的一封信，十三行外国商人的损失并没有之前报道得那么严重，十三行只有五行被摧毁了。上一封信中说，80个外国商馆与商店中，只剩9个外加英国领事馆没被焚毁。现在看来，这是一个统计失误，实际上只有21个商馆被焚毁。毫无疑问，损失比较严重，但没有以前报道得那么夸张。广州城里有2.5万到3万流浪汉、小偷和其余省份的难民，英国舰队的炮弹引起大火时，这些人乘虚而入，冲进十三行抢劫商店，后放火烧掉。英国海军司令发现这一情况后，调来2艘炮舰向抢匪发炮，抢匪们立即逃窜。不幸的是，英军的炮火使抢匪们放的火更加猛烈。法国炮舰'维尔吉尼'（Virginie）则派150人上岸，配有4门轻榴弹炮。在法军炮击下，抢匪们丢弃同伴尸体作鸟兽散。法国水兵则尽力灭火，在其努力下，火势得到控制。而大清居民区由于英军的炮火和抢匪的放火，损失惨重。属于商行的12个靠近广州内城的商馆，在第一轮炮火中便被摧毁。在这场灾难中，英商损失惨重。最新消息，英国海军司令已经占领清军阵地，预计暂时不会遇到清军的武装抵抗。有一大批商人已经移居上海，但对于50万广州居民来说，离家避难并不是一件容易的事情。"（《伦敦新闻画报》）

　　1856年12月，西马縻各厘将英军集中在十三行，为给英军辟出一片空旷地，或占或拆了十三行附近的一些商馆和店铺民房，这一行为引起当地民众的不满。12月14日夜，被拆毁的店铺废墟突然起火，火势一直蔓延到十三行商馆，15日烧至欧美等国的商馆。最后，除了英国洋行一栋建筑物，其他全部化为灰烬。

　　1857年1月12日，西马縻各厘命令士兵于当日清晨开始在十三行的洋行区附近有步骤地放火，目的是清除洋行周遭的民房，以便更有效地保护洋行的安全。因为风势的关系，火势变得一发不可收拾，十三行东面沿江一带的数千家民房，顿时变成一片火海。广州民众冒着英兵的枪林弹雨，整日奋不顾身地救火。

广州大火期间的城内外景象

The Illustrated London News（1857–03–14）《伦敦新闻画报》

"昨天早上我在教堂塔楼画了一幅速写发给你们，这幅画中有广州城东部、南部及商馆区和花园区的废墟，昨天3点钟总督衙门燃起的熊熊大火，一直烧到今晨7点钟。右下角是花园区与荷兰炮台之间的商行，昨天也都燃烧殆尽。教堂及花园区后被英军付之一炬。画的右下角是皇家海军陆战队的驻地。

"现在，我们与大清的战争进入了消极状态。起初，我们万事顺利，我军准备用突袭来彻底结束战斗。我方将大清炮台摧毁，将广州城围困，城墙炸开，随后发起了总攻，似乎一切将要结束。但是，大清人的反抗出乎意料。正如梅多斯（Meadows）先生所言，在全世界我们对这个民族了解最少。

"你们也许听说了商馆区被彻底焚毁，叶总督竟然指控英军纵火，他还写信给包令爵士，声称算账的一天早晚会来。尽管广州商人被赶走，但他们的表现令人佩服，这些人鼓励西马縻各厘并尽力帮助他们。在这场危机中，荷兰炮台被我军占领。该炮台布有重炮，离广州新城近在咫尺，对我们很有利，如果要炮击广州城，这里具有得天独厚的优势……清军多次试图用炸药炸毁我们的舰船，但均未成功。"（《伦敦新闻画报》）

清军攻击珠江上的客轮

The Illustrated London News（1857–03–14）

《伦敦新闻画报》

"1857年1月9日，一艘小型客运轮船驶往广州。该船速度极快，它有一个贴切的名字：'飞马号'（Flying Horse）。大约下午2点，客轮正行驶在'大鳍蓟号'（Thistle）控制的那条河道，突然遭到53艘清军水师兵船的攻击。清军在每艘船上都配备了2到4门重型炮，每船有40把桨，3到4人操一桨。清军知道我们无力抵抗，一拥而上，包围了客轮。子弹像冰雹一样从我们身边飞过，有9到10发已经打穿了客轮，有一发子弹离锅炉只差1到2英寸。20多分钟后，我们的船才冲出包围圈，摆脱了这些胆小鬼。大清人展示了他们的'胆量'，8000人疯狂围攻这艘小汽轮，而我们的船上只有八九名乘客。但我们每个人的人头都值100两银子。大清人既然把我们的人头定了价，那他们自己的人头是否也定了价呢？我过去是讲人道的，但现在，我不得不承认，一想起这件事，我即热血沸腾，恨不得把每个大清人都当成死敌。"（《伦敦新闻画报》）

被英舰炮击而爆炸的大清船只

The Illustrated London News（1857–05–09）

《伦敦新闻画报》

　　"据香港来函，2月14日，'奥克兰号'（Auckland）和'小鹰号'（Eaglet）出港巡航，15日，在东涌遭遇4艘配备精良的清军兵船。因该水域过浅，'奥克兰号'无法进入，'小鹰号'和'奥克兰号'上的桨划艇投入了战斗。'小鹰号'先发制人，摧毁了大清船只。当大清旗舰被击中后，大火蔓延，船上装满弹药的大炮遇火即爆，冲天大火前所未有。与此同时，岸上备有16门炮的一座炮台也被英军占领。随后所有大炮都被填塞，失去了作战能力。英方损失：'奥克兰号'1名士兵阵亡，4人受伤。2月16日，英军派出'尼日尔号'与'加尔各答号'的桨划艇，一共俘虏了7艘大清船只。这些战斗画面都是根据现场目击者所述而绘。"（《伦敦新闻画报》）

英军炮舰摧毁大清船只

The Illustrated London News
（1857–05–09）
《伦敦新闻画报》

在东涌，英军"小鹰号"和"奥克兰号"的桨划艇投入战斗，英军士兵边划船边向大清兵船频频射击。

英舰炮击大清船只

The Illustrated London News
（1857–05–16）
《伦敦新闻画报》

在东涌，英军"小鹰号"炮击大清船只。清舰及炮台上的清军予以还击，虽然几次击中英舰，但因火炮落后，未能重创敌船。

缴获大清旗帜的英舰返航香港

The Illustrated London News（1857–05–16）
《伦敦新闻画报》

　　"1857年2月14日，'小鹰号'和'奥克兰号'被派往东涌，据说东涌有几艘装备精良的大清兵船。东涌是一个军港，大清舰只停泊在那里已经有一段时间。香港方面获悉有一位清军海军都统在那里指挥。大约下午2点钟，'小鹰号'和'奥克兰号'进入东涌海湾，海湾附近水域连着赤鱲角和大屿山。'小鹰号'开到离5艘大清船只射程内的距离便停下，并立即开炮。5分钟后，大清炮舰和岸上5个炮台向'小鹰号'回击。战斗进行15分钟后，'小鹰号'舰长埃利斯（H. T. Ellis）下令放下两艘桨划艇，同时传令'奥克兰号'的桨划艇一起参战。但不巧的是，'奥克兰号'搁浅了。此时，'小鹰号'的桨划艇遭到清军猛烈炮击，炮火溅起的水花打到士兵的脸上。两艘桨划艇由于没有炮，无法反击，为了等待'奥克兰号'的桨划艇援助，只能返回'小鹰号'。此后，'小鹰号'和'奥克兰号'一起向敌方发炮。英舰几次中弹，但无人员伤亡。炮战进行45分钟后，由于'小鹰号'弹药告罄，只能边打边撤，向'奥克兰号'靠拢。

"夜幕降临，英舰再次派出桨划艇。接近大清船只时，遭到清军火力攻击，英军1人阵亡，2人重伤。桨划艇离大清军舰只有6艇身距离时，英军才开火，发出的冲杀声吓退了船上的清军水手。英军随后登船，舰上已经空无一人。此时，英军将舰上的炮口对准岸上的炮台和逃逸的清军。

"英军乘桨划艇划向距离最近的、位于东涌城西的炮台，到达后发现炮台已被清军遗弃。随后，英军填塞了30门大炮，并将周边的房屋付之一炬。天色已暗，已错过进攻其余炮台的时机，因为最近的炮台距此地也有1英里远。英军返回桨划艇，再次划向大清船只，并将其焚毁，'小鹰号'舰长埃利斯和'奥克兰号'中尉贝林（Belin）登船视察焚烧情况，不料炮舰上的弹药库爆炸，将其震倒在甲板上，受了轻伤。同时，甲板上的另外3个英军士兵也受了伤。

"战斗结束后，两艘英舰停泊在一起，直到天亮。此时，大清船只也已经燃烧殆尽。清晨，一艘小船划到了英舰边，船是东涌镇的村民派来的。他们向英方递交了一封信，希望英军不要摧毁东涌镇。为了示好，还送了英军两头牛和几头猪。

"英国海军上将曾命令这两艘英舰头一天晚上返回香港，所以，'小鹰号'立即起航以补充燃煤和弹药，同时派遣增援人员解决'奥克兰号'的搁浅问题。'小鹰号'返抵香港，船头悬挂缴获的清军海军都统的旗帜。港口商船上的人们发出欢呼声。后来，英军海军上将西马縻各厘派出'尼日尔号'去拖回搁浅的'奥克兰号'，并下令英舰不要炮击东涌镇，因为清军水师兵船已被击毁，东涌镇不再给英军造成威胁。"（《伦敦新闻画报》）

香港警察署调查面包店"中毒事件"

The Illustrated London News（1857–03–28）

《伦敦新闻画报》

"上周我们报道过，在香港维多利亚港发生的一次恶性事件，两三百人购买了易兴面包店（Esing）的糕点不幸中毒，但未有人死亡。我们驻香港记者于1857年1月30日对此事进行了报道。我发给你们一幅香港易兴面包店速写，就是这家店的店主将掺有砒霜的面包卖给顾客，导致食物中毒。店主阿龙和他的父亲及8名店员正接受审讯。另一幅图由葡萄牙人所绘，画中警方正在审问涉案人员。侧身站立的华人便是店主阿龙，另外一位露出全貌的是他的父亲，后面的女性是其妻妾之一。据从巴黎收到的私人信件可知，阿龙由一个战争委员会审讯，因其下毒毒害英国临时代办及家人被判有罪，一说他和其他3个同谋已被处死。"（《伦敦新闻画报》）

香港维多利亚港城的面包店

The Illustrated London News（1857–03–28）
《伦敦新闻画报》

　　1857年1月15日香港的"毒面包事件"曝光，最终店主阿龙（Alum）被宣判无罪。根据英国的官方资料（英国议会文书1857年第二辑）我们可还原事件的真相：在投毒事件发生前不久，阿龙的家乡贴出布告，命令所有在香港的乡人回乡，否则一经拿获即以叛国罪论处。而已升为面包店主的阿龙不想回去，但因已被悬赏5000元缉拿，遂与父亲决定将家人送回乡里。1月14日夜，阿龙吩咐面包师傅为孩子们做了长面包，方便第二天带在路上吃。第二天，全家没吃早餐即上了船，第一个吃面包的是阿龙的一个小孩，吃着吃着当场就吐了，后来家人也纷纷呕吐。阿龙这才怀疑面包有问题，便叫人去问船长的仆役，吃过面包的洋人怎样了。回复说，他们也病了。同行的一位旅客供称："我听阿龙说，他必须返回香港。如果他愿意，完全可以带着全家上岸逃走。"但阿龙没这么做，而是去跟船长商量返航。船长告知，照例要等到夜里2点才能开船。在此期间，阿龙两次提出给船长加钱，希望能早日返回香港，但都被拒绝了。这些细节充分证明阿龙对投毒毫不知情，心胸坦荡而诚实，从未试图逃走。下午7点，他在船舱里被逮捕，押回香港。

在关押期间，阿龙和涉嫌人员均受到不公正待遇，但最终因为证据不足，阿龙被宣判无罪。究竟谁下了毒，怎么下的？都还是疑案。大清国人投毒，在当时也极有可能。因为就在事件的三天前，英军在广州十三行烧毁了大批民房，投毒者也许是为了报复英军。

全民公投与英国决议

THE DIVISION ON TUESDAY NIGHT.
The following is the result of the division in the House of
Commons on Mr. Cobden's resolution on the War with China.—

For the resolution 263
Against it 247
                                    ———
Majority against the Government . . 16

The Illustrated London News（1857–02–28）
《伦敦新闻画报》

　　1857年2月26日，英国议会就理查德·科布登（Richard Cobden）反对宣战大清的决议表决，最后以263：247票通过。受挫的英国首相巴麦尊并不甘心，遂建议女王解散议会，呼吁进行全民公投（在英国，当内阁不受立法机关——议会信任时，首相可向英国君主提出解散议会重新选举的建议，以诉诸民意）。最后，巴麦尊如愿解散了议会。1857年4月，英国全民公投，支持巴麦尊，自由派获胜，英国政府准备对华开战。

　　3月20日，额尔金勋爵被任命为驻华全权代表，取代包令，负责新的谈判。与此同时，英法达成同盟。4月，法国任命葛罗男爵为驻华全权特使。

英国下院关于大清问题的辩论

The Illustrated London News（1857–03–07）
《伦敦新闻画报》

理查德·科布登和吉布森宣布辩论投票结果。《伦敦新闻画报》刊登关于"大清问题的辩论"：

"……我国国民享有思想和言论的自由，科布登先生对大清问题的意见并不会引起人们的反感。他在反对宣战大清问题上为自己赢得了一个声誉，即他是只有一种理念的人。很多备受尊敬的慈善人士与他看法一致，这些人认为他是新宗教和新哲学的倡导人。这些人都非常理性，但对战争却表现得并不理性。他们面对和自己利益相关的话题时可以做到像数学精算师一样准确无误，而且在履行公家或私人的义务时也能做到毫无瑕疵……

"这些人一听到'战争'这个词，便失去了平常那种温和而变得非常狂热。此时，英国，这个让他们热爱和乐意去服务的国家立刻变成了国际大家庭中的一个魔鬼。与沙俄的战争让他们发狂，现在，与大清的战争使他们同样发狂。沙皇是个伟大的君主，俄国人民是充满活力、文明的民族。而英国所保卫的土耳其人却是一个悲催的民族，注定会被赶出欧洲，为更优秀的民族让出地盘。同样，在大清国问题上，英国要惩戒大清国人。大清国人实际是很安静的、不得罪他人的、文化高度发达的民族。尽管叶总督在广州城诛屠了7万大清人（注：叛军），使广州的街道尸骨成山，他却是一位正直的、有能力的、为民服务的官员；尽管他也悬赏要得到英国人的头颅，尽管他的臣民折磨传教士，并把传教士的心烤来吃掉，尽管大清人残暴狡诈，但叶总督和大清国人在跟英国人打交道的过程中并没有误解我们。

"英国及其官员，贪婪、自私、残酷和邪恶，大清、大清皇帝及其臣民是任英国野狼宰割的羔羊。更甚，如果把大清比作天使，那包令爵士、巴夏礼领事等罪恶之人便是对正义发起战争、妄图吞噬天使的巨魔……

"在对大清国开战这个问题上，英国国民的看法显得比下院更合理。老百姓们对大清国问题进行了评估，即使他们不是百分之百地支持英国驻香港和广州官员的所作所为，但很明显，他们同情这些人……"（《伦敦新闻画报》）

英国首相巴麦尊

The Illustrated London News（1860–01–21）
《伦敦新闻画报》

巴麦尊（Henry John Temple Palmerston, 1784—1865），又称为帕麦斯顿子爵，出身于爱尔兰贵族家庭，1855—1858年及1859—1865年两次组阁，相当于担任英国首相近10年。巴氏毕业于剑桥大学，曾署理英国军务、内政，1830—1834年、1835—1841年及1849—1852年三度任英国外交大臣，几乎一手塑造英国外交形象30多年，是第一、第二次鸦片战争时期英国对华政策的主导者，其激进的干预主义外交政策，无论是在19世纪，抑或之后，都极具争议。

1856年（咸丰六年），广州"亚罗号事件"的消息传到英国，不少内阁大臣认为，不管在法律上还是道义上，英国驻华领事巴夏礼的做法都是错误的。巴麦尊却庇护巴夏礼，表示下属的行动不应受到事后批评。随后在议会辩论中，下议院的英国政坛领袖理查德·科布登等人从道德角度激烈抨击政府的政策。辩论持续到第四天（1857年3月3日），巴麦尊开始攻击科布登，指责他的言论充满了"反英情绪，简直是放弃了对祖国和同胞的情谊，我从未想到议会中会有人口出此言，什么都是英国人的错，和英国为敌做什么都是对的"。他进一步宣称，若谴责英政府做法的提议得到通过，就表示议会投票"抛弃地球另一端的众多英国臣民，把他们交给一伙野蛮人——一伙惯于绑架、谋杀、投毒的野蛮人"。

　　对巴麦尊来说，国家利益至上。巴氏曾有旷世名言："没有永远的朋友，也没有永远的敌人，只有永远的利益。"在他看来，为了英国的利益，双方一战在所难免，而开战的任何理由都属合法。其他英国政客也说："为取得如此庞大的利益，尽管征讨大清师出无名，但还是非打不可。"

护航的皇家海军护卫舰前往大清

The Illustrated London News（1857–04–18）《伦敦新闻画报》

"英国海军舰队整装待命，几天后将前往大清。这支舰队将由皇家护卫舰'愤怒号'（Furious）护卫，它配备16门大炮，舰长是奥斯本（Sherard Osborn）。该舰队包括：一级快速舰'尼姆罗德号'（Nimrod）和'罗巴克号'（Roebuck），功率为350马力，配备6门炮；二级快速炮舰'惊奇号'（Surprise）和'鸬鹚号'（Cormorant），功率为200马力，配备4门炮；轻型炮舰'阿尔及利亚号'（Algerine）、'利文号'（Leven）、'斯莱尼号'（Slaney）、'杰纳斯号'（Janus）、'警觉号'（Watchful）、'山鹬号'（Woodcock）和其他几艘同类型的军舰，功率为60马力，配备2门炮，这些轻型炮舰对我们来说作用很大。目前，我们没有吃水浅的轻型炮舰，所以敌舰经常在骚扰我们后，逃逸到狭窄的浅水区域藏匿。"（《伦敦新闻画报》）

"愤怒号"1850年建于朴次茅斯港，是装备有16门大炮的远洋蒸汽轮船。造价近6.5万英镑。该舰曾参加1857年广州城战役，1858年大沽战役。额尔金曾乘此船来往于大清、日本之间。1858年额尔金乘该船沿长江直抵汉口。"愤怒号"成为沿江到达大清内地的第一艘西方舰船。其他乘过"愤怒号"的知名人士，包括摄影师费利斯·比托、传教士罗伯特·莫理循、英国军官亨利·克里洛克等。

英国官员在马耳他检阅准备前往大清的部队

The Illustrated London News（1857–05–16）《伦敦新闻画报》

"此画是根据马耳他军营的上尉英格菲尔德（Inglefield）拍摄的照片绘制。画中，7000英军在马耳他军营接受约翰·雷柏（John Pennefather）爵士、阿什伯纳姆（Ashburnham）少将及加勒特（Garrett）少将检阅。约翰爵士旁边的女子是亚当斯（Adams）上校的妻子。亚当斯是勇敢的第二十九团的上校团长。此场面相当壮观。"（《伦敦新闻画报》）

前往大清的英舰在印度洋上遇到风暴

The Illustrated London News
（1857–06–27）
《伦敦新闻画报》

英舰"不屈号"（Inflexible），又称"英弗来息白号"，是一艘中央炮塔战列舰。清军水师的"定远号"和"镇远号"炮舰上的炮塔配置便参考了该舰的设计。英军曾在"不屈号"上羁押被俘的两广总督叶名琛。

英舰"不屈号"拖着炮舰"欧椋鸟号"

The Illustrated London News
（1857–06–27）
《伦敦新闻画报》

英国舰队于1856年10月23日从英国起航，1857年3月到达香港，是第一批到达大清水域的英国军舰。"欧椋鸟号"（Starling）是英国1855年2月新造的炮舰。该舰在1857年的佛山战役和广州城战役中对英国军队的作战起了重要作用。

法国全权代表抵达澳门

L'illustration Journal Universell（1858–01–02）

《环球画报》

　　1857年4月，法皇拿破仑三世命法国全权代表葛罗男爵率军来华协同英军行动。10月14日，葛罗抵达澳门。英法两国全权代表和军方将领面晤会商。双方决定先在广州开战，之后北上对清廷展开外交攻势。

大清画家笔下的英国水手

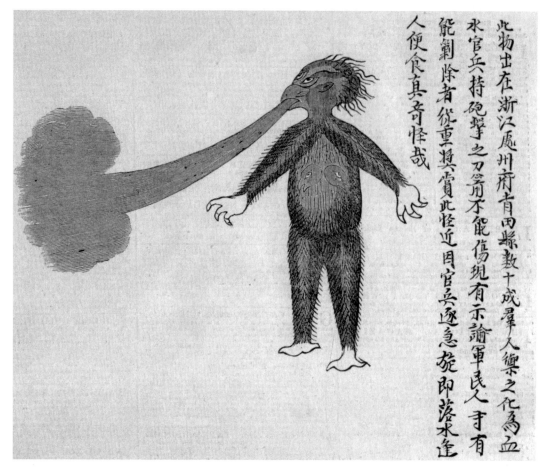

The Illustrated London News（1857-04-25）
《伦敦新闻画报》

画中文字："此物出在浙江处州府青田县，数十成群，人御之，化为血水；官兵持炮击之，刀箭不能伤。现有示谕军民人等，有能剿除者，从重奖赏。此怪近因官兵逐急，旋即落水，逢人便食，真奇怪哉！"

佛山水道之战

1857年上半年，从广州至佛山的珠江上，战火一直未曾停息。此时清军逐渐加强水上军力，争取夺回珠江水道的控制权。主要的战斗是5月底至6月初的流溪河（Sulphur Creek）和佛山水道（Fatshan Branch）战役。

1857年5月25至27日，在珠江的流溪河段，英军与清军水师发生了一场激战。1857年6月1日，两军又在佛山水道（在大黄滘以南至佛山之间）开战。当时清军琼州镇总兵黄开广募到60余艘红单船，加上巡船共100余艘，驻守在平洲、三山的河面上。英军由西马縻各厘统领，兵分两路：一路由海军准将亨利·凯佩尔（Henry Keppel）指挥，担任主攻，有各类军舰17艘，官兵2600名；另一路由艾略特（Charles Elliot）海军准将指挥，任侧翼。此次战斗非常激烈，英军一艘划艇被击沉，一艘炮舰被击伤，13人阵亡，44人受伤。清军损失也很惨重，共计70至80艘红单船及巡船被掳或被毁。[1]

---

[1]　William Laird Clowes，*The Royal Navy: A History from the Earliest Times to the Present*, London: S. Low, Marston，1897—1903，P107.

英舰炮击佛山水道的清军炮台

The Illustrated London News（1857–07–11）
《伦敦新闻画报》

　　1857年5月6日，英军炮舰"欧椋鸟号"与几艘划艇沿江行驶，企图找到进入佛山水道的支流。只用了一小时多一点，英军就找到了这条支流，发现一座新近建成的、有9到10门炮的小炮台，"欧椋鸟号"停在距该炮台2000码处，炮台上的清军立即向其开炮，"欧椋鸟号"遂回击，双方炮击无果。"欧椋鸟号"又行至离炮台1700码处，然后以船头及船尾的火炮炮击清军炮台。炮战持续了一个半小时，依然无果。从始至终，清军都在挥舞旌旗。由于即将退潮，英舰被迫撤离。

英军海军分遣舰队在珠江上进攻清军水师兵船

The Illustrated London News（1857–08–15）

《伦敦新闻画报》

　　"在流溪河上游约5英里的地方，一队清军水师兵船正待命出发。显然，他们准备有所行动。1857年5月25日，星期一早上，英军舰队司令艾略特海军准将所乘的'香港号'（Hong Kong）引领着'鸨鸟号'（Bustard）、'斯坦齐号'（Stanch）、'欧椋鸟号'（Starling）和'福百特号'（Forbet）以及身后拖有运兵船的'不屈号'（Inflexible）、'大黄蜂号'（Hornet）和'统领号'（Tribune）炮舰驶入流溪河。对面是41艘清军水师兵船（注：清千总苏海的巡船队），双方的舰船隔溪而立。每艘水师兵船前方都有一门24至32磅的火炮，另外还有4到6门发射9磅炮弹的火炮。清军的第一发炮弹即击中了'香港号'。过了几分钟，另一发炮弹击穿了其甲板。英军其他刚赶来的炮舰尽可能排好阵型，立即开炮……一番激战后，清军巡船队退入流溪河的支流，由于河道变窄，英舰搁浅，他们放下划艇继续追击，最终清军10艘巡船落入英军手中，17艘被烧毁。"（《伦敦新闻画报》）

英军舰队在珠江上烧毁清军水师兵船

The Illustrated London News（1857-08-15）
《伦敦新闻画报》

　　1857年5月25日，英军舰队在珠江的流溪河上烧毁了清军水师兵船27艘。"5月27日，艾略特决定继续搜寻清军水师。英舰沿江行驶了12英里，毫无斩获。艾略特看到了远处的宝塔，他认为此处的水道是相互连通的，于是决定带人乘小船搜寻。英军在稻田间大约划了12英里，终于在东莞镇发现一队清军水师兵船，其中一艘兵船又大又气派。艾略特率军将清军兵船团团围住并迅即开火，清军手忙脚乱，纷纷跳船。"（《伦敦新闻画报》）

佛山水道战役图

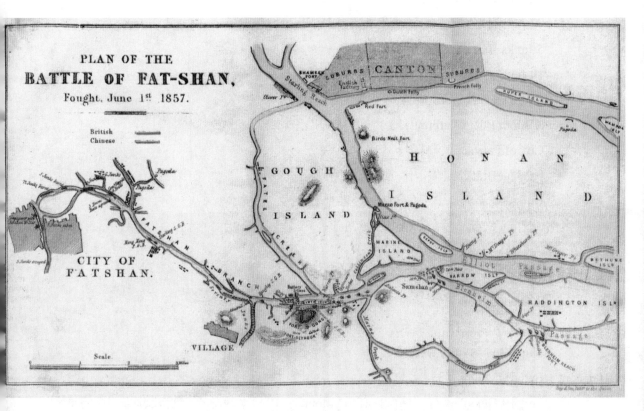

China: Being "The Times" Special Correspondence from China in the Years 1857—1858

（George Cooke, 1858）

《中华：泰晤士报特派记者报道（1857—1858）》

图示（左上标题）：

PLAN OF THE BATTLE OF FAT-SHAN：佛山水道战役

Fought，June 1st 1857：战斗时间，1857年6月1日

British：英军（红色）

Chinese：清军（绿色）

图示（大致按照从图左至图右的顺序）：

3 Junks Escaped：3艘清军舰船逃离；

72 Junks Burned：72艘清军舰船烧毁；

5 Junks Burned：5艘清军舰船烧毁；

10 Junks：10艘清军舰船；

6 Junks：6艘清军舰船；

3 Boom Boats Aground：3艘吊杆船搁浅；

City of Fatshan：佛山；

Fatshan Branch：佛山水道；

Hong Kong S. G. B.：（英舰）香港号；

Starling S. G. B.：（英舰）欧椋鸟号；

Seventy Junks：70艘清军舰船；

Village：村庄；

Admiral's Junk：清军水师旗舰；

Haughty S. G. B.：（英舰）高贵号；

Ships Boats：桨划艇；

Battery 3 Guns：3门火炮；

Fort 19 Guns Now Called "Fort Seymour"：19门火炮炮台，现被称为"西马糜各厘炮台"；

Coromandel S. G. B.：（英舰）科洛曼德号；

Opossum：（英舰）负鼠号；

Forbes：（英舰）福布斯号；

Fatee Creek：花地河；

Gough Island：高夫岛；

Collinson's Creek：柯林森溪；

Macao Fort & Pagoda：澳门炮台和宝塔；

Marine Island：海军陆战队岛；

Macao Creek：澳门溪；

Starling Reach：（英舰）欧椋鸟号到达河段；

Shameen Fort：沙面炮台；

Suburbs：郊区；

Canton：广州；

Dutch Folly：荷兰炮台；

French Folly：法国炮台；

Kuper Island：库珀岛；

Wampoa（疑为 Whampoa 的误写）Isld.：黄埔岛；

Honan Island：河南岛；

Red Fort：红炮台；

Birds Nest Fort：鸟窝炮台；

Sepoy Isld.：瑟波伊岛；

Elliot Passage：艾略特通道；

Barrow Isl.：巴罗岛；

Blenheim Passage：布伦海姆通道；

Fire Boom：爆炸点；

Elk：（英舰）麋鹿号；

Hornet：（英舰）黄蜂号；

Samshan：三山（音译）；

Hamilton Creek：汉密尔顿溪；

Bethune Isld.：白求恩岛；

Haddington Isld.：哈丁顿岛；

Blenheim Reach Fort：布伦海姆炮台；

（注：部分地名、船舰名模糊不清，未翻译。）

"佛山战役，发自珠江'雷利号'（Raleigh）的补给舰'查尔斯·福布斯号'（Charles Forbes），6月2日：先生，根据您擒获并摧毁佛山水道清军兵船的指令，我很荣幸地报告，昨天早晨，当我军第一队的士兵登上敌人炮台，我就率领第二、第三、第四队士兵乘'香港号'向敌人阵地前进。不久，'香港号'停靠在水边，我们乘小船准备登陆。在距离敌人600码的地方双方开始交战，战事非常激烈，后来我们冲上了敌人阵地。我命令第三队、第四队看守战利品，其他部队沿佛山水道继续前行。不久，我发现了敌军战舰的桅杆。再前进3英里，我们靠近Foutchin（音译：福钦）村，发现一座小岛的南端有几艘标船。我军'加尔各答号'的驳船，'雷利号’‘愤怒号’‘大黄蜂号’‘西比尔号’‘加尔各答号’的快艇前往迎敌。此时，我们还来不及把炮口转向敌军方向，就被潮水冲到离他们800码的地方。敌军的战舰排成一排，炮位对我们非常不利，我们遂决定立即撤退。我方必须重新部署，以获得我军蒸汽驱动军舰的援助，但我方军舰此刻由于河水变浅暂时无法前行。我舰接近‘香港号’时，它已漂流到敌军炮火的射程内，且再次搁浅。

"我军第二次与清军交战，15分钟后，敌军起锚向上游划走，我军船队由科克伦（Cochrane）上尉带领乘胜追敌达7英里之远。敌舰被我炮火击伤，清军弃舰而逃。8艘到达佛山镇的敌舰中有3艘逃跑，5艘在佛山镇入口处被擒获。谨遵阁下切忌扰民之指令，我们并未追击3艘逃入佛山镇水域的船，否则将会摧毁没有设防的佛山镇。我军战绩不仅如此，我们还将沿途缴获的12艘船付之一炬，这些船每一艘都有12到14门大炮，船头和船尾的大炮可发射32磅重的炮弹。

"我军军官表现英勇，战斗热情高涨，由于人数众多，我无法一一表述他们的战绩。阁下您应是对此战绩的最佳评判者。现在还没机会评估我军的损失，目前能够向您报告的是，‘香港号’的船壳有11到12处被敌弹打穿，‘鸧鸟号’、‘欧椋鸟号’和‘高贵号’炮舰也被击中，‘加尔各答号’的快艇陷入泥沼，其他几艘舰船也被击中。今画草图一幅，以说明第二次交战的位置。"（《伦敦新闻画报》）

英国海军陆战队攻占佛山水道旁的炮台

Illustrated Times（1857–08–15）

《泰晤士画报》

1857年6月1日凌晨3点，英舰沿佛山水道前行，准备趁天黑偷袭清军水师及炮台。不料，被清军发现，遭到阻击。英舰开到风信子岛（Hyacinth Island）附近，被清军沉船阻挡。英国海军陆战队强行登陆，沿炮台后面的陡峭山路，向山顶上的炮台发起进攻。

英军在佛山水道攻击清军水师

The Illustrated London News（1857–08–08）

《伦敦新闻画报》

　　英军在佛山水道攻击清军水师，同时英国海军陆战队攀山进攻佛山水道边的炮台。坚守炮台的大清军队措手不及，赶紧掉转并压低炮口，试图炮击攀山的英军，但毫无效果。清军遂居高临下将球形炮弹掷向英军，同时投掷长矛、三叉戟、臭弹，但仍不能奏效。顷刻，炮台被英军攻克。图右下角可见清军的球形炮弹。

占领佛山水道炮台的英军在欢呼

China: Being "The Times" Special Correspondence from China in the Years 1857—1858
（George Cooke, 1858）
《中华：泰晤士报特派记者报道（1857—1858）》

　　佛山水道处，有一个形状像羊腿的小岛，即对江沙岛。远处排列着的是20艘清军水师兵船。英军占领炮台后，与清军水师兵船开炮对射，但距离过远，双方毫发无伤。图中可见，占领佛山水道炮台的英军在摇旗呐喊，远处的舰队仍在激战。

佛山水道清军水师激战英军

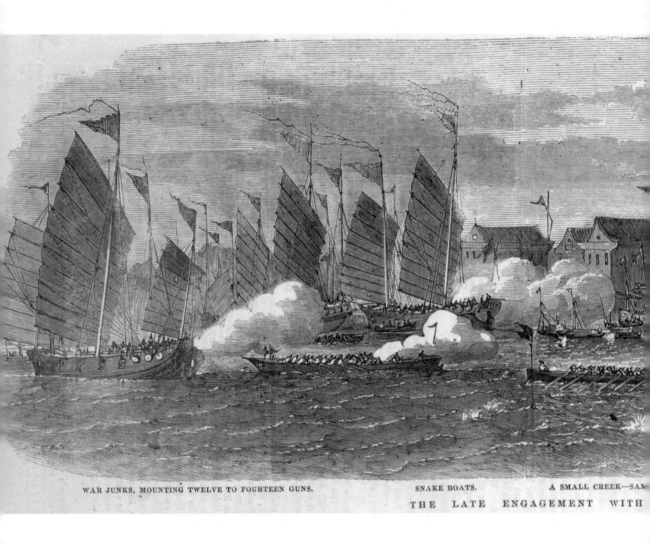

WAR JUNKS, MOUNTING TWELVE TO FOURTEEN GUNS.　　SNAKE BOATS.　　A SMALL CREEK—SAM

THE LATE ENGAGEMENT WITH

The Illustrated London News（1857–08–29）
《伦敦新闻画报》

1857年6月1日，英军舰队与清军水师兵船在佛山水道展开激战。

图片下部图示为：

War junks mounting twelve to fourteen guns：装备有12—14门炮的清军水师兵船；

MANDARIN TOWN OF TOUNG KONAN.　　　　FORT.　　　POINT DIVIDING THE CREEKS.

E JUNKS IN FATSHAM CREEK.

Snake boats：蛇船（细长的、由两排人划的船）；

A small creek-sampans：小舢板；

Mandarin town of Toung Konan：东莞镇；

Fort：炮台；

Point dividing the creeks：水道分界点。

　　　　　　　　　　　　　　　　第一部　广东：天朝夷敌

佛山水道英舰撞击清军兵船

Illustrated Times（1857–08–15）
《泰晤士画报》

　　在英军舰长凯佩尔准将率队猛烈攻击下，清军水师愈发不支。图中可见清军士兵放弃兵船，涉水登陆。有人身悬船头，有人翻身落水，有人肩扛伤员，有人欲救在水中挣扎的战友。远处的兵船浓烟滚滚，起火爆炸。史载，清军水师弃船之前会放火焚船，以防落入敌手。英人回忆说，清军水师兵船像核桃一样被英舰撞碎。

远征大清：英舰激战清军水师

Le Monde Illustré（1857–09–19）
《世界画报》

　　1857年6月1日，英国舰队和清军水师在珠江开战。此时的法国虽未直接参战，但媒体对东方战事已有详细的跟踪报道。不久，法国也加入了远征大清之列。

英军在珠江佛山水道上缴获清军水师兵船示意图

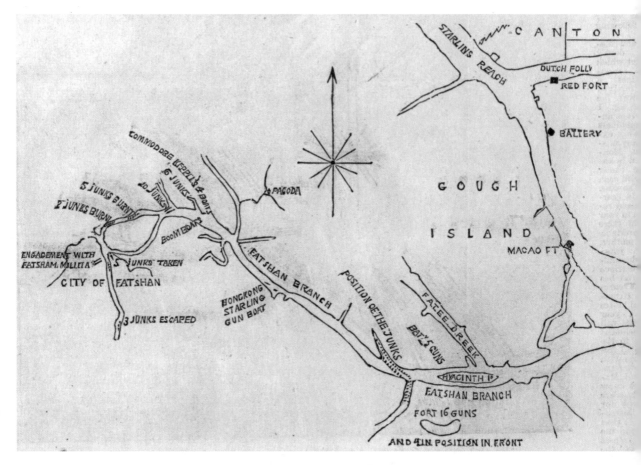

The Illustrated London News（1857–08–08）
《伦敦新闻画报》

图中从左至右分别为：

City of Fatshan：佛山；

3 junks escaped：3艘清军水师兵船逃遁；

5 junks taken：5艘清军水师兵船被擒获；

Engagement with Fatshan（图中为Fatsham，应是误写）millitia：与佛山乡勇遭遇战；

2 junks burnt：2艘清军水师兵船被烧；

5 junks burnt：5艘清军水师兵船被烧；

20 junks：20艘清军水师兵船；

6 junks：6艘清军水师兵船；

Boom boats：标船；

Commodore Keppel's 4 boats：海军舰长凯佩尔准将的4艘船；

Hong Kong Starling gun boat："香港号"和"欧椋鸟号"炮舰；

Fatshan Branch：佛山水道；

Pagoda：塔；

Gough Island：四方岛；

Position of the junks：清军水师兵船所在地；

Batty 5 guns：5门炮的炮台；

Fatee creek：花地河；

Hyacinth I.：风信子岛；

Fatshan Branch：佛山水道；

Fort 16 guns and 4 in position in front：16门炮的炮台，4门炮布置在前面；

Macao FT.：大黄滘炮台（又称车歪炮台）；

Battery：炮台；

Red Fort：红炮台；

Dutch Folly：荷兰炮台；

Starling reach："欧椋鸟号"到达处；

Canton：广州。

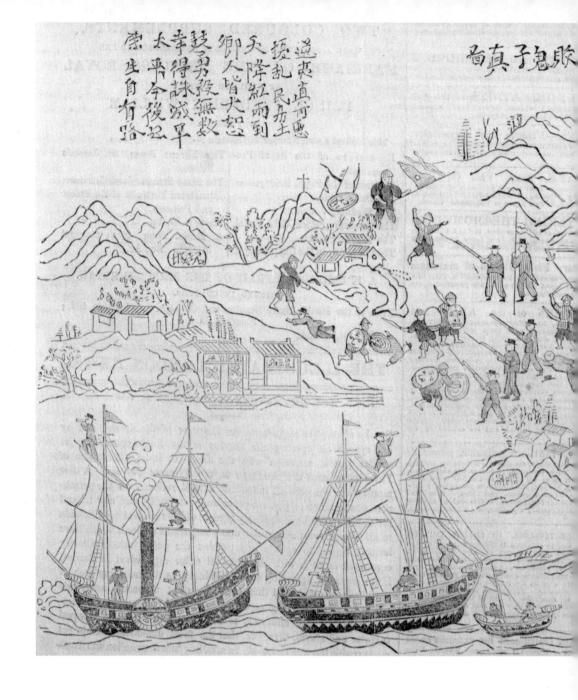

珠江，佛山水道战役

The Illustrated London News（1858–01–23）
《伦敦新闻画报》

此画由一位英军军官提供，为大清画师于1857年6月所绘佛山水道战役图——《大败鬼子真图》。

"原画为彩色。英国海军陆战队员穿的是红衣服、蓝裤子，水兵穿的是蓝衣服、红裤子，军官们穿的是绿色制服。图的右下方是英国海军准将凯佩尔被俘，左一是凯佩尔乘坐的火轮船，左二是英军炮舰。"（《伦敦新闻画报》）

该画上书："白云山上"；"大败鬼子真图：逆夷真可恶，扰乱民居土，天降红雨到，乡人皆大怒，鼓勇杀无数，幸得诛灭早，太平今后起，荣生自有路"。

香港苦力卸鸦片

The Illustrated London News（1857–07–11）
《伦敦新闻画报》

　　"《伦敦新闻画报》特派记者兼画师乘坐'北京号'轮船从南亚到达香港，5月12日发来报道：在此画中，苦力在辛勤工作，将一箱一箱的鸦片卸下船，图中戴帽子的英国官员正在登记鸦片数量。船离港前往威廉炮台前，苦力们又将丝绸装上船。"（《伦敦新闻画报》）

《伦敦新闻画报》特派记者兼画师沃尔曼在写生

The Illustrated London News（1857–07–18）
《伦敦新闻画报》

"清人对我占领广州并非人人敌对。香港有不少广州商人，愿意赴港生活。他们跟英国殖民者相处甚佳。如果清人真与欧洲人为敌的话，在香港的欧洲人早被杀光了。因为在香港岛上的清人不少于6000人，而欧洲人加士兵不超过1000人。

"炮击广州时，英军每十分钟发一炮，并非全都直击广州城，有时还发射一枚火箭，大清百姓兴高采烈地观望，像在看烟花。在广州大火期间，一位记者乘船沿江观察，发现江边站满了老百姓看热闹。广州城内并未损毁，如果你没有看到十三行的废墟，那么，你一定不会认为广州城遭遇了一场战事。随着敌对情绪的减轻，广州人又变得很随和了。记者有一次去苦力聚集的地方，也无人对他恶言相对。以前我们提到的那些野蛮、嗜血的广州人，现在看来并不反对我们。如果我们把大清官兵赶走，你会发现广州百姓是很文明的，并不亚于英国同等阶层的人。据消息来源可靠的大清人说，叶总督下决心要让广州毁掉。

"1848年叛军在广州起事，他们来到叶总督的家乡，杀其全家，掘其祖坟。叶总督除了老父亲再无亲人，于是，他决心一步一步将广州这座叛军起事之地彻底毁灭。"（《伦敦新闻画报》）

英军第五十九步兵团与马德拉斯步兵团在香港

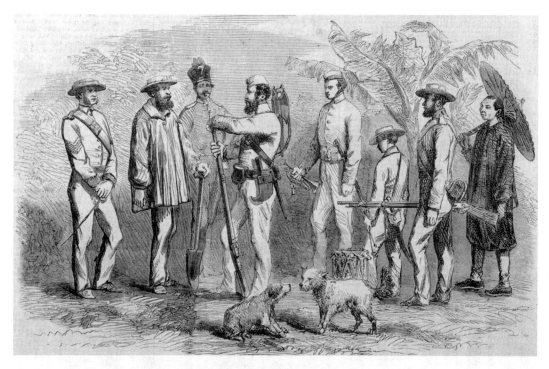

The Illustrated London News（1857–07–25）

《伦敦新闻画报》

　　1857年初夏，英国增派的远征军2900余人抵达香港。12月，第五十九步兵团参与广州战役，主打保厘炮台（Lin Fort）攻坚战。第二次鸦片战争中，赴华参战的英军中有印度裔、锡克裔、孟加拉裔士兵组成的军队，如马德拉斯步兵团。此图解说，"英军上校团长格拉汉姆允许士兵穿戴适合热带地区的白色衣帽"。

为印度裔士兵建的席棚

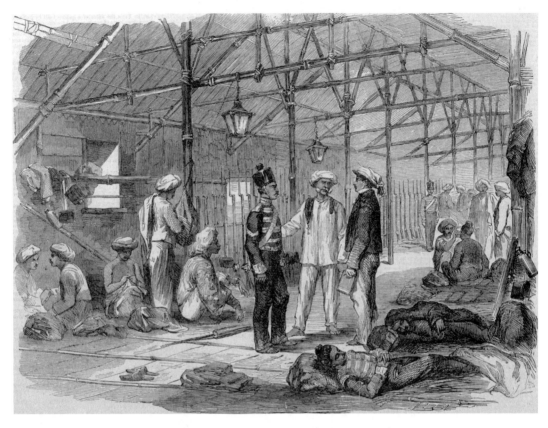

The Illustrated London News（1857–08–15）
《伦敦新闻画报》

　　在香港，由于各个族裔信仰、文化、生活习惯不同，英军统帅部不得不将他们分派到各自的居住区。

英法联军进攻广州

1857年3月20日，英国政府指派额尔金勋爵为使华全权代表。6月3日，印度总督罗德·坎宁（Lord Canning）紧急致信额尔金，要求其立即驰援驻印英军，镇压印度叛乱。于是，额尔金决定把远征大清的两个团调往加尔各答。7月1日，额尔金抵达香港后，亲率军队赶往印度，直到平叛后才重回香港。10月15日，法国全权代表葛罗男爵也到达香港。

当大清上空战云密布之时，美国和沙俄也趁机攫利。1856年，中美之间的《望厦条约》到了修约期，美国驻华公使伯驾（Peter Parker）修约失败后，竭力鼓动国内参与对华战争，甚至建议侵占台湾、舟山。此时，美国国内正因废奴问题而南北对立，根本无暇顾及大清问题。故而美国拒绝了英国共同出兵之议，并于1857年4月撤换好战的伯驾，改派列卫廉（W. B. Reed）为驻华公使。美国人只想起到调解的作用，以便在战后能分一杯羹，同时在修约问题上与英、法保持一致即可。1857年2月，俄国派普提雅廷（E.V. Poutiatine）为驻华全权代表，进京与清廷签订与英、法、美有同等权利的对华不平等条约。当俄国外交部将此事通报清政府时，咸丰皇帝下令阻止。普提雅廷4月从恰克图要求入境被拒，6月从黑龙江要求入境被拒，8月从天津大沽要求入境亦被拒。最后，俄国加入了英、法、美联盟。当英、法入侵大清时，俄国予以外交配合。11月5日，列卫廉乘坐美国"明尼苏达号"（Minnesota）护卫舰到达香港。11月14日，普提雅廷也乘船抵达香港。四国组建联合阵线，经过一番商讨，计划先攻占广州。

这一时期，两广总督叶名琛几次主动提出与英方议和。1857年5月21日，叶总督派水师提督试探包令和谈意向，包令表示拒谈。7月24日，叶名琛再派两位官员去香港开启谈判，但此时的包令已被英国政府解职。10月21日，叶名琛第三次倡和停战，额尔金置之不理。

截至1857年12月初，由西马糜各厘指挥的英国海军在香港与珠江上约有战舰44艘，共载炮463门，舰上官兵5700余人；由陆军少将斯托本兹指挥的地面部队有3000—4000人。法军方面，由夏尔·黎峨·德·热努伊（Charles Rigault de Genouilly）指挥的法国海军约有战舰10艘，共载炮164门。兵力问题解决后，英法联军认为进攻广州已万事俱备。

12月12日，额尔金与葛罗分别照会叶名琛，重申以前所提要求：第一，准许入城；第二，就"亚罗号事件"和"马赖事件"做出赔偿；第三，修约。同一天，他们向广州民众发出告示，警告叶名琛若10天内不能满足他们提出的前两项要求，广州城即将遭到攻击。

清廷此时正全力镇压太平天国及捻军起义，对英法联军拟采取"息兵为要"的羁縻政策。据此，叶名琛不事战守。12月28日，英法联军对广州发起攻击。副都统来存、千总邓安邦等率兵抵御，次日不敌失守。广东巡抚柏贵、广州将军穆克德讷向联军求和。两军停战后，二人在以巴夏礼为首的"联军委员会"的监督下担任原职，形同傀儡。1858年1月5日，叶名琛被俘，后解往印度加尔各答，一年后，客死他乡。1月9日，英法联军宣布将于2月11日解除封锁，恢复广州的对外贸易。此后，广州一直由英法联军控制，直到1860年底第二次鸦片战争结束。

自马来西亚前往大清的额尔金

The Illustrated London News（1857–08–08）
《伦敦新闻画报》

"5月31日晚上11点，额尔金勋爵及阿什伯纳姆伯爵（Ashburnham）乘坐的
'新加坡号'轮船停靠在马来西亚槟城。第二天早上，他们登岛视察一番后乘船前往
大清。"（《伦敦新闻画报》）图中光头持帽者即额尔金。

英军旗舰抵达虎门炮台

The Illustrated London News（1858–02–20）
《伦敦新闻画报》

　　此图描绘的是1857年11月20日，英军旗舰"加尔各答号"在"桑普森号"（Sampson）的牵引下到达虎门炮台。图中左上方可见上横档炮台的海军陆战队员在为旗舰的到来欢呼。

虎山

The Illustrated London News（1858-02-27）
《伦敦新闻画报》

　　"画中可见这座有名岛屿的北部，它是一座奇形怪状的小岛。近处停有'帝王号'（Imperador），离它不远的地方有清军的补给船。岛上立有一根旗杆，还有一座塔。天空晴朗，没有一丝云彩。此地也许几个月没下雨。虽然现在是11月底，但这种炎热的天气跟法国的6月一样。"（《伦敦新闻画报》）

英国海军陆战队在上横档炮台的临时食堂

The Illustrated London News（1858–02–27）
《伦敦新闻画报》

1857年11月，"海军陆战队上岛后将一座庙改成了临时食堂。他们将船帆挂在庙门上，如果晚上天冷，就把帆放下来，以抵御凉风。庙前的地上堆了一些炮弹。他们来的时候，此地乱七八糟，现在，这里已变得干净而舒适。如果有人患肠胃病，医院就在庙的上方。岛上的榕树长得很好，四处可见猪、羊和家禽"。（《伦敦新闻画报》）

英军在祈祷

The Illustrated London News（1858–02–13）

《伦敦新闻画报》

　　1857年11月，某星期天。英舰上的官兵在做祷告，此图的背景是上横档炮台的一角。西方军中设有随行神职人员的职位，这些随军牧师负责主持周日礼拜、战前祷告、阵亡将士的葬礼等。在生死未卜的战争中，他们的工作为军人提供了宗教、心理上的慰藉。

叶名琛颁给立功勇士的赏银

The Illustrated London News（1858–02–13）
《伦敦新闻画报》

　　《近代史资料》记录了两广总督叶名琛在广州城战役期间悬赏杀敌之事："尔等务即戮（勠）力同心帮同兵勇，但凡见上岸与在船滋事英匪，痛加剿捕，准其格杀勿论。仍准按名赏银三十大元，解首级赴本署呈验，毋稍观望。各宜凛遵毋违。特示。咸丰六年九月二十九日示。"[1]

　　此图为英国画师所绘，真假待考。

---

[1]　叶名琛1856年10月27日檄文，载齐思和等《中国近代史资料丛刊：第二次鸦片战争（一）》，上海人民出版社，1978年，第197页。

英军炮击大角山炮台

The Illustrated London News（1858–02–27）

《伦敦新闻画报》

1857年11月，英军朝大角山炮台开炮。"我们时不时地向大角山炮台打几炮，炮放得干净利落，但声音不如想象的大。我军'巡洋号'炮舰前几天也炮击了大角山炮台，然而炮台太坚固，炮弹几乎无效。"（《伦敦新闻画报》）

停泊在虎门的法军炮舰

L'illustration Journal Universel
（1858–02–06）
《环球画报》

1857年12月，英法联军齐集珠江口，共计5700余人，其中法军1000余人、英军4700余人。12月11日此地泊有军舰20余艘。

英法炮舰在珠江上巡弋

Le Monde Illustré
（1858–01–23）
《世界画报》

1857年底，英法炮舰驶入珠江。"对大清人此前杀害欧洲人的行为，英法联军派了两个特遣舰队报复。珠江靠近出海口，水深河宽，适合大型炮舰停泊，我们给这里取了名字叫'古堡峰海湾'。联军的舰队停在虎门附近。此次远征广州的战役大获成功。战役结束后，我军舰船开始在珠江上下巡弋，收集水文资料，绘制航行地图，进行军事侦察。珠江两岸风景绮丽，有广袤而丰饶的稻田、美丽的村庄、镶有琉璃瓦的房屋，还有大片的香蕉林和亚热带作物，远处的山丘，美不胜收。"（《世界画报》）

法国护卫舰在广州虎门炮台附近停泊

Le Monde Illustré（1858–01–30）
《世界画报》

1857年底，法国"无畏号"（Audacieuse）护卫舰在广州虎门炮台附近停泊。"'无畏号'战舰是法军的旗舰，葛罗男爵即乘坐该舰从法国来到此地。法国海军司令夏尔·黎峨·德·热努伊下令将其停靠在虎门。"（《世界画报》）

1860年大沽战役后，法军曾用该舰将缴获的清军大炮运回法国。

英舰在广州附近水域遇袭

Harper's Weekly（1858–04–03）
《哈泼周报》

　　1857年12月12日，英军趁投递照会的机会派人窥探广州城的设防并测量河南岛沿岸的水深。

　　"12月14日早上约10点，中尉皮姆带领侦察兵、炮兵和翻译共15人乘坐'巴特勃号'（Banterer）在一条蜿蜒的小溪行进，我们的目的既是收集情报也是观光。行驶了约几英里，发现对面有一高地。皮姆率领众人登陆，留两人守船。上岸后沿河走了几英里，到达Sai-Lau（音译：赛罗）镇，该镇有居民1.3万人。我军炮舰曾经到过此地。一路上我们没有发现任何可疑迹象。安全到达镇上后，有人透露说沿河往上游走能找到一位清政府官员。皮姆决定去会会清官。等我们到达那里时，鸟儿已经飞了（注：指人去楼空），只剩下他的文件、书籍、帽子和武器。

"此时，一群暴民来袭，皮姆带着大家冲出包围圈，成功地回到了小船。还没站稳脚跟，暴民的抬枪就打伤了我们一个人的腿。此后，他们又架起一门小炮向我们射击，冰雹一样的子弹从头上呼啸而过，有的枪弹击中了我们的小船。暴民们的怒吼及手势令人不寒而栗，我们的炮火在密集的人群中也造成一定的恐慌。此处的小溪又窄又浅，只能靠划桨行驶。暴民们沿河追打，好在我们的船跟他们隔着一段距离……"（《哈泼周报》）

第二天，英军便对这一地区进行了报复性攻击。

英国海军陆战队攻占珠江小镇

The Illustrated London News（1858–03–06）
《伦敦新闻画报》

　　借着前一日英军在赛罗镇收集情报遭到当地居民攻击的由头，"1857年12月15日，'南京号'船长斯图尔特（Stewart）得到海军司令的允许，带领250名海军陆战队员和水手进攻赛罗镇。他们遇到了清军的顽强抵抗。在炮火掩护下，英军强攻入城。水兵们开始放火烧房。最悲惨的景象是大清小脚女人为了躲避战火，纷纷蹒跚穿越稻田。她们从英军士兵身边走过，似乎知道无人会威胁她们。不幸的是有些孩子在战火中与父母失散。清军试图反攻，但都被英军枪弹阻遏。整个战斗中清军伤亡惨重，而英军只有4人负伤。经此战，联军按计划占领了广州城外珠江以南地区"。(《伦敦新闻画报》)

　　12月15日参战的有英舰8艘、登陆水兵600名，法舰3艘、登陆水兵130名。接下来的几日，联军深入广州城周边各处侦察清军驻守炮台及珠江河道情况。20日下午，额尔金与艾略特乘炮舰巡视广州城。看到城外一字排开的英舰，他在日记中写道："我这一生中从未如此愧疚……就在这里，在这100万广州人眼前，我们采取所有破坏手段，就是为了毁灭这座城市……就我所知，我别无选择。"[1]

---

[1]　Samuel Wells Williams, *A History of China: Being the Historical Chapters from "The Middle Kingdom"*, New York：C. Scribner's Sons, 1897, P.291.

广州城战役图

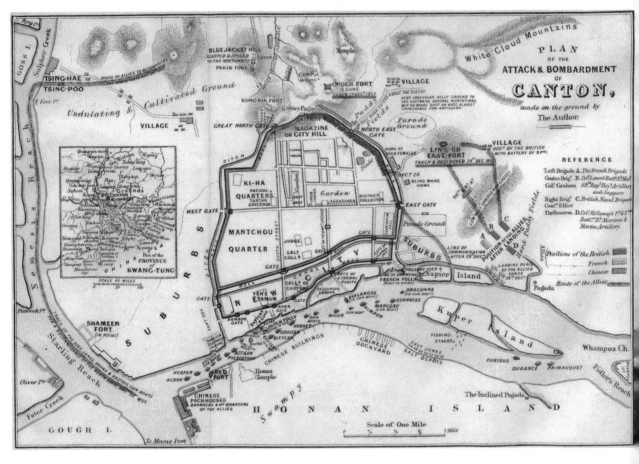

China: Being "The Times" Special Correspondence from China in the Years 1857—1858

（George Cooke, 1858）

《中华：泰晤士报特派记者报道（1857—1858）》

图中，红色为英军阵地，蓝色为法军阵地，绿色为清军阵地。

此图可见，1857年12月28日，广州城南珠江上一字排开的英法联军炮舰共22艘。

广州城及郊区地图

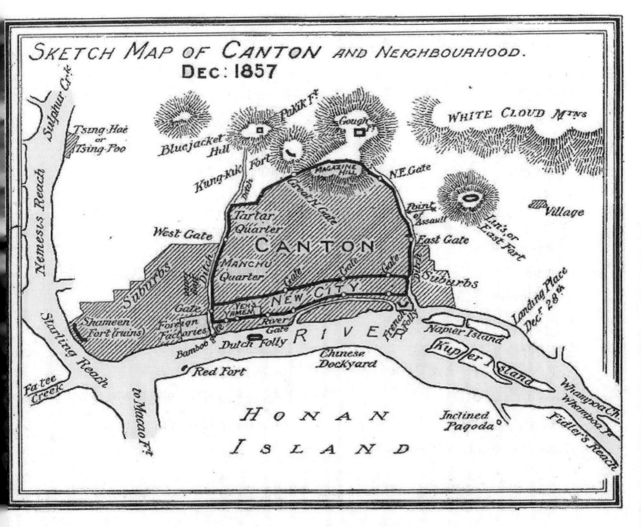

The Royal Navy: A History from the Earliest Times to the Present
《皇家海军：从早期到现在的历史》

　　这是威廉（William Laird）于1857年12月绘制的广州地理地貌图。

图示（沿珠江，从左至右）：

Sulphur Creek：流溪河；

Tsing Hai or Tsing Poo：增埗；

Nemesis Reach："复仇者"（号）所在位置；

Starling Reach："欧椋鸟"（号）所在位置；

Shamee Fort (ruins)：沙面炮台（废墟）；

Fatee Creek：花地河；

To Macao：通澳门；

Suburbs：郊区；

Foreign Factories：洋人工厂（十三行）；

Canton：广州；

Tartar Quarter：鞑靼人聚居区；

Manchu Quarter：满族人聚居区；

New City：新城；

Yeh's Yamen：叶（名琛）的衙门；

River：（珠江）河道；

Red Fort：红炮台；

Chinese Dockyard：中国人的船坞；

Dutch Folly：荷兰炮台；

French Folly：法国炮台；

Landing Place Dec. 28th：12月28日的登陆地点；

Napier Island：拿皮尔岛；

Kuper Island：库珀岛；

Inclined Pagoda：倾斜的宝塔；

Fidler's Reach：菲德勒（号）所在位置；

Whampoa：黄埔；

Honan Island：河南岛。

图示（上部）：

Blue Jacket Hill：蓝夹克（水兵）山；

Pa Kik Fort：保极炮台；

Kung Kik Fort：拱极炮台；

Magazine Hill：观音山；

Gough Fort：四方炮台；

Lin's or East Fort：林炮台或东炮台；

White Cloud Mountain：白云山。

英法联军从荷兰炮台炮击广州

Le Monde Illustré（1858–02–27）
《世界画报》

1857年12月28日，英法联军从荷兰炮台炮击广州。

"法国历史上将添加光辉的一页。在英法联军统帅的英明指挥下，经过水陆两栖作战，广州城已经被占领。25艘英舰和法舰……停泊在广州南城墙外。同时联军也占领了荷兰炮台，并架设了5门大炮。"（《世界画报》）

12月28日凌晨，部署在荷兰炮台的火炮对准观音山上的炮台、火药库和四方炮台开炮。广州城内燃起熊熊大火，殃及总督衙门，叶名琛避走城内的越华书院。

广州在联军炮舰72小时无间断炮击后已百孔千疮。南门完全被摧毁，大火蔓延到城中心，叶名琛的衙门已是一片废墟，后墙被打穿，每个屋顶都布满了弹孔。

英法联军炮轰广州城

The Illustrated London News
（1858–03–06）
《伦敦新闻画报》

1857年12月28日凌晨，珠江上英法炮舰20余艘，100多门大炮齐轰广州城，连续72小时无间断。《泰晤士报》记者乔治·柯克在他的《中国与下孟加拉：1857—1858年〈泰晤士报〉中国报道》一书中描述："炮击持续不断，没有排炮，没有快速连发，没有骚动。每一炮都准确地打中城墙上的目标。"

联军海军陆战队离舰乘小船登陆

The Illustrated London News
（1858–03–13）
《伦敦新闻画报》

1857年12月28日，联军进攻广州。时逢退潮，部分炮舰搁浅，5700名官兵直至上午10时左右才陆续登陆。此图描绘的便是联军海军陆战队离开炮舰，坐上小型运兵船准备登陆的情景。

英法联军登陆

The Illustrated London News（1858–03–13）
《伦敦新闻画报》

　　此画描绘的是1857年12月28日联军在广州库珀溪（Cooper's Creek）登陆的场景，图中大船上写着"军医院"。远征大清的英法联军组织周密，部署得当。从后勤保障到伤患救治，基本做到了有条不紊。

联军登陆部队进攻广州

Illustrated Times（1858–03–13）

《泰晤士画报》

图片下部图示（从左至右）：

East Gate：东门；

English and French Artillery：英法炮兵；

French Troops：法军；

English Mortars Bombarding Fort Gough：英军炮击四方炮台；

Grand Pagoda. North-East Gate：镇海楼和东北门；

Fort Gough. English Troops：四方炮台和英军；

Marine's Fort：陆战队炮台。

    1857年12月27—28日夜间，联军的工兵连和爆破连在预定地点登陆。随后开始通宵达旦搭建浮桥和脚手架，以备大部队登陆。

    "12月29日早上8点半，我们的登陆部队开始从各个战线进攻。法军在左，英军在右。不久，有的清军阵地就停止了抵抗，法军水手冲上阵地高呼：'法皇万岁！'12月30日，这一天平静异常，看不到一个居民，整个广州城空空荡荡。12月31日，法军统帅在大批士兵的簇拥下绕城一周，我们看到了很多清军哨卡及一个鞑靼兵营，据说这个兵营能驻扎3000人。城中的建筑上都挂上了白旗，居民们看上去惊愕无比。"（《泰晤士画报》）

英法联军攻占保厘炮台

Le Monde Illustré

（1858–03–06）

《世界画报》

1857年12月28日，在第四步兵团第五连队军士长马丁·帕里尔斯（Martin des Paillères）的率领下，法国海军陆战队首先攻占保厘炮台。参战联军有1500名，其中法军1000名。在英国陆军总指挥斯托本兹将军的请求下，法国海军司令下令炮击山顶上的炮台。之后，军号齐鸣，联军发起冲锋。

L'illustration Journal Universel

（1858–03–06）

《环球画报》

法国海军陆战队军士长马丁·帕里尔斯率领狙击手分队前去侦察保厘炮台。他们发现炮台的炮孔并没有开枪放炮的迹象，于是冲进炮台。此时炮台已空无一人。在欢呼声中，法军将国旗插上了炮台。英国第五十九步兵团也跟随而至。

联军攻占保厘炮台及其他清军据点

L'illustration Journal Universel（1858–03–06）

《环球画报》

　　占领保厘炮台后的联军连夜布置云梯。12月29日，联军以保厘炮台为据点，由东向西轰击，同时攻占东门外的瞽目楼，联军越过护城河在该楼的北边架设云梯。城墙上的清军从射击孔开枪，击毙和击伤联军多名。但终因城墙工事和胸墙被毁，清军溃退。联军占领了东门、小北门、大北门、观音山和镇海楼。

广州镇海楼

Narrative of the Earl of Elgin's Mission to China and Japan: 1857—1859

（Laurence Oliphant, 1860）

《额尔金勋爵出使华夏、东瀛见闻录（1857—1859）》

该楼高五层，俗称五层楼，又名"镇海楼""望海楼"，坐落在观音山（即越秀山）小蟠龙岗上。建于1380年，是广州城的标志性建筑。登上楼顶，可直望珠江。广州城战役期间，镇海楼一度被联军占领。

四方炮台火药库爆炸

L'illustration Journal Universel（1858–03–06）

《环球画报》

　　1857年12月29日联军攻打四方炮台。清军的副都统来存"彻夜死守炮台，任飞炮迸裂，镇静不移。敌兵冒死扑台，为长蛇阵直进，将近两千人，又从观音山上频频施放火炮火箭，燃烧炮台"[1]。最后终因腹背受敌，伤亡严重，来存率手下士兵放弃炮台。

---

[1]　夏笠：《第二次鸦片战争史》，上海书店出版社，2007年，第272页。

联军进攻广州城

Narrative of the Earl of Elgin's Mission to China and Japan: 1857—1859
（Laurence Oliphant, 1860）
《额尔金勋爵出使华夏、东瀛见闻录（1857—1859）》

　　1857年12月28—29日，英法部队进攻广州城。图中可见联军排成横队，边射击边前进攻城。19世纪的西方军队仍然沿袭传统军队进攻的阵容。联军装备有轻巧、精准、射程远、机动性强的阿姆斯特朗大炮及带刺刀的步枪、单筒望远镜等。其武备是清军望尘莫及的。然而大清军民的英勇也让联军不能小觑。额尔金很早就已经认识到："丑诋中国人为懦夫这一说法是很有问题的：他们临死不屈，虽败不馁。"[1]他在致克拉兰敦的信中写道："试图占领广州而不准备制服城内军队的抵抗和城外乡勇的围攻，那绝不是谨慎的办法。……让我们不要低估我们中国敌人的英勇。"[2]

---

[1]　蒋孟引：《第二次鸦片战争》，生活·读书·新知三联书店，2009年，第94页。
[2]　蒋孟引：《第二次鸦片战争》，生活·读书·新知三联书店，2009年，第94页。

英法联军第一个登城者

Illustrated Times（1858–03–27）

《泰晤士画报》

根据《中华：泰晤士报特派记者报道（1857—1858）》记载，1857年12月28日，广州攻城战中，一名法国士兵自告奋勇，脱掉鞋子，腰挎匕首，徒手攀墙。在联军步兵火力的掩护下，突击队少校拉德（Luard）用步枪托起这名士兵。这时有人送上云梯，拉德少校攀梯而上，成为联军登城第一人。

法军第二营在广州城北门的营地

L'illustration Journal Universel
（1858–04–03）
《环球画报》

    图为1857年12月29日，法军第二营在广州城北门的营地。此图根据法国海军夏尔·黎峨·德·热努伊将军的副官洛克斯（M. E. Roux）的素描所绘。

    第一场战役结束后，联军在广州城外建起了几座兵营。这些兵营的建立也是有战略考量的，如果一方遭到进攻，其他兵营可以立即来救援。图中可见炮火轰毁的树木和清兵遗留下来的炮弹。

广州城战役法军缴获的清鞑靼将军兵器

L'illustration Journal Universel
（1858–05–06）
《环球画报》

    此图据法国海军夏尔·黎峨·德·热努伊将军的副官洛克斯素描所绘。图中可见刀枪剑戟及龙旗。

战役结束后的英法联军临时指挥部

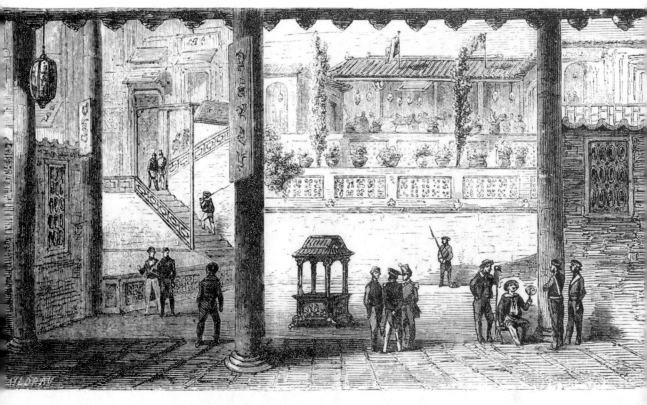

Illustrated Times（1858–03–13）

《泰晤士画报》

1857年12月29日，广州城战役结束后，联军将指挥部暂时设在保厘炮台后面不远的一座寺庙里。

英法联军指挥部

L'illustration Journal Universel（1858–04–03）
《环球画报》

"英法联军在广州成立了一个管理委员会以便治理广州。在不到一个月的时间里，城市发生了变化，治安良好，逃走的富人回来了，整个商业得到了恢复。"（《环球画报》）

12月29日下午2时许，战斗基本停止，广州陷落。1858年1月2日，叶名琛由越华书院迁至左都统衙门。而广东巡抚柏贵早在3天前的1857年12月30日便派遣绅商伍崇曜等人造访英方人士，表达他对叶名琛的不满，提出与联军谈判。而联军方面"大责叶相，恨恨不已。讲到和字，似乎可行，却无一切实语。连往数日，迄无成说"[1]。

---

[1] 齐思和等：《中国近代史资料丛刊：第二次鸦片战争（一）》，上海人民出版社，1978年，第183页。

英法联军司令在广州城东门接见柏贵和乡绅

L'illustration Journal Universel（1858–03–06）

《环球画报》

广东巡抚柏贵接连几日遣人与联军联系，希望能谈判，未果。1858年1月2日，柏贵不顾叶名琛仍在位，擅自与英方人士打交道。此图描绘的便是柏贵及乡绅们与联军人员在城东门相见的情形。

英法联军与广州城西的清军激战

Harper's Weekly（1858–04–03）

《哈泼周报》

1858年1月5日，联军在广州城西门附近与清军激战。"第一场战斗，联军将广州城周边的防守工事和炮台摧毁，不允许联军部队进城。一周后，联军才颁布命令攻打广州城。1858年1月5日，据《泰晤士报》记者说：'早上7点半，仍在下雨，英军的三个纵队沿三条狭窄的街道进城。法军一个400人的分队携带两门大炮在英军的右方沿城墙前进。没多久，便看不到友军。我们的左方遭遇清军的猛烈阻击，我们便先朝左边冲去。此时，英军中只有莱蒙（Lemon）上校率领的士兵用来复枪朝清军还击。由英军的将军带领的另一路士兵并没有遭到任何抵抗，但是他们迷路了。本来他们是要去寻找总督衙门，但现在他们只能在像迷宫一样的街道里徘徊。赫洛魏

（Holloway）上校带领的4个连进展比较顺利，他们迅速沿街前行，只在一个封闭的过道里遇到了零星的抵抗。英军的工兵用斧头和其他工具将障碍物清除，障碍物后没有清军。沿街的居民都隔着门缝向联军张望。联军中的大清苦力挑着水桶紧随着。此后，上校率领的联军部队到达一个路口，该路段叫慈爱街，在地图上是一条很宽敞的街道，约有10英尺宽，街道两边却都是茅舍。上校指派帕克（Parke）上尉带领两个连从左路前往官府的金库。上校本人带领其他人沿右路前行，大约走了100来步便抵达了广东巡抚柏贵的衙门。柏贵的衙门跟其他衙门相同，有一个院子，院子里有一面墙，墙上有一个涂了漆的巨大怪兽。衙门有一扇很大的门，门的两边各有一个巨大的怪兽。上校下令：'快！快！快！'紧接着一群工兵冲上前去将门打开，上校又下令4人一排，组队前行，以便互相保护。他们沿着一条铺有大理石的主道往前走，左右两侧都是低矮的房屋。主道正前方有个像米仓样子的大殿，上校用简短的语言和手势命令士兵四处布防，以保护正在前行的士兵。最后，圆满完成任务。整个广州城几乎未遇到什么抵抗便被联军占领。'"（《哈泼周报》）

当联军攻入广州城时，城内的部分守军依然冒着枪林弹雨，顽强作战。即便清军撤离了城墙或炮台，他们还会隐蔽在街道的建筑物后或从屋顶射击入侵者。据目睹广州之役的记者柯克回忆："我们不要低估敌人的英勇，中华民族具有某种素质，他们也可以成为优秀的战士。"[1]

---

[1]　George Cooke, *China: Being "The Times" Special Correspondence from China in the Years 1857—1858*, G. Routledge & Co., 1858, P.333—334.

巴夏礼与英军舰长向广州民众发告示

Illustrated Times（1858–03–20）

《泰晤士画报》

　　巴夏礼在广州城张贴公告，劝告百姓两军交战期间离开广州。看到公告的民众怒不可遏，撕下布告。图中头戴帽子、伸出左手、一脸胡子的即巴夏礼，他旁边戴军帽者即英军舰长霍尔（Hall）。

英国皇家海军在广州搜寻叶名琛

Illustrated Times（1858–03–13）

《泰晤士画报》

广州沦陷后，一度传出叶名琛已逃走或自杀的消息，但巴夏礼得到密报，叶名琛躲在越华书院。1858年1月5日，巴夏礼率领100名皇家海军前去寻找叶名琛，但他们到达越华书院时已人去楼空。后从柏贵处得知叶名琛在左都统署，巴迅即带人赶去。此图可见英军士兵推搡向导快速前行，搜寻总督叶名琛。

两广总督叶名琛被俘

The Illustrated News of the World（1858–03–13）
《世界新闻画报》

  1858年1月5日，巴夏礼带领一队英国皇家海军到达叶名琛所在的左都统署。左都统双龄假扮叶名琛，但很快被巴夏礼这个中国通识破。此时的叶名琛正着便服准备从后院离开，被皇家海军发现，遂被捕。以下是《泰晤士报》1858年2月21日的报道：

  "让我们从头开始，回忆一下搜捕叶名琛的过程。为赫洛魏上校当翻译的巴夏礼领事来得太迟了，而且无人陪伴。正当巴夏礼为运气不佳懊恼不已时，他遇到了英国皇家海军舰长艾略特准将。艾略特听巴夏礼说他对叶的藏身之处略有所闻，兴奋不已。准将同意亲率100名水兵陪同巴夏礼去捉拿叶。巴夏礼先生原以为叶藏匿于皇家书院（译注：越华书院），但当他们来到这个名声显赫的书院时，却发现此地空无一人。他们搜遍了所有角落，一无所获，甚是沮丧。一行人正准备离去，巴夏礼先生无意间用脚抵住了一道关闭的房门，门随即打开了，见一个大清国人正在里面读书。叶在哪里？这大清国人怎么会知道，他对叶一无所知，他不过是个可怜的学生。从藏身之地出来后，这位学生接受了严厉的询问。他起初闪烁其词，后来承认叶曾经在此地待过，但几天前就离开了，最后他甚至声称知道叶在何处——在广州城西南角，距离此地3英里外的左都统署。随后巴夏礼等人带着学生前往巡抚衙门。此时的巡抚（注：柏贵）已在英军上校赫洛魏的管控下，同时英军的陆海军将领已经到达此地。他们开始询问柏贵。经过一番劝诫，柏贵承认他也知道叶的下落，并说出了地名，与那位学生提到的相符。巴夏礼等人要求柏贵提供一位向导。于是，英国水兵在向导和学生的带领下前去搜捕叶名琛。这两位心不甘情不愿的人，在水兵的胁迫下沿着鞑靼城狭窄的街道一路小跑，并不停地向紧随这支队伍的民众高喊：'乡亲们，回去忙你们的事儿吧。这些先生们刚见了柏贵，现在他们要去见叶名琛。'民众们随即停止了脚步，并答道：'好!'可见，老百姓对清朝官员不分大小一律都令行禁止。他们越往前走，地形变得越复杂，有些军官认为贸然前行太冒险。一位叫基尔（Key）的上尉说：'我们手上有指南针，即便发生险情，我们也能找到城墙的方向，杀出一条血路。'他们随后继续前进。最后，向导们在一个看上去很普通的衙门前叫停。这座衙门已经被遗弃，英国水兵破门而入，迅速占领了整座宅院。很明显，这次找对了地方。此处堆满了仓促打好的包裹，宅院里的官员们仓皇逃窜。这时有一位官员挺身而出自称是叶名琛，但他的体格不像叶那么壮硕，巴夏礼一把将他推到一边，大家继续搜寻。不久，在衙门深处的院落里水兵们看到一个肥胖的人正试图翻墙，基尔上尉和艾略特手下的一位舵手冲上前去，基尔上尉拦腰抱住了这位胖胖的先生，那位舵手则将这位帝国总督的令人敬畏的辫子缠到了自己手上。毫无疑问，英国水兵们从本能上感觉这一定是叶。他们将帽子抛上天空，欢呼三声。"

苦力们嘲笑被俘的叶名琛

The Illustrated News of the World（1858–03–13）
《世界新闻画报》

被俘的叶名琛被英军拖入轿子，押往联军位于观音山的指挥部。道旁的一群苦力见到叶名琛，一阵嘲笑。史书记载："名琛性木强，勤吏事，属僚惮其威重。"[1] 或许平常叶名琛对属下、平民过于威严，此时落魄的总督才会饱受讥讽。

---

[1] 齐思和等：《中国近代史资料丛刊：第二次鸦片战争（二）》，上海人民出版社，1978年，第533页。

叶名琛被带往联军指挥部

Illustrated Times（1858–03–20）
《泰晤士画报》

　　1858年1月5日，联军俘虏了两广总督叶名琛。随后，叶被带至联军指挥部。叶督身着朝服，顶戴花翎，端坐在椅子上，与平时升堂议事无异。

　　叶名琛当晚从观音山被带到白鹅潭的英军炮舰上。联军权衡利弊后，决定将他送到远离广州的印度加尔各答囚禁。额尔金认为加尔各答比其他地方更适合，叶逃跑的机会很少，不必严加管制。联军安排叶名琛携带衣物、粮食、银两，另有巡捕蓝镖，家人许庆、胡福，厨子刘喜，剃头匠刘四等随行。1858年2月22日叶一行由香港启程赴加尔各答。1859年3月24日，叶名琛吃完随身带来的粮食后便拒绝进食，4月9日客死他乡。

叶名琛曾以"六不"闻名天下，即"不战、不和、不守、不死、不降、不走"。历史学家黄宇和在《两广总督叶名琛》中对叶督的"六不"做了新解："不战"，是无兵可战，因为叶的部队为镇压义军已调离广州；"不和"，是因为英方的条件太苛刻；"不守"，是无法守；"不死"，叶自杀也不是；"不降、不走"，是因为"降"或"走"都面临清廷重罚。黄甚至认为，讽刺叶的民谣可能是英国人有意编造以毁谤叶总督的。其实，叶督可以说最终是败于联军的船坚炮利。即使有兵可战，也未必能赢。

两广总督叶名琛

China: Being "The Times" Special Correspondence from China
in the Years 1857—1858
（George Cooke, 1858）
《中华：泰晤士报特派记者报道（1857—1858）》

根据叶名琛的照片制成的版画。

The Illustrated London News
（1858–02–13）
《伦敦新闻画报》

L'illustration Journal Universel（1858–04–17）
《环球画报》

图为英国军官亨利·克里洛克所绘。

鞑靼将军、广东巡抚及其随从被"请"到联军指挥部

L'illustration Journal Universel（1858–05–06）

《环球画报》

    1858年1月6日，额尔金在占领广州后建立了一个以巴夏礼为首的联军委员会以维持治安，为了得到当地官员的支持，他将巡抚柏贵、广州将军穆克德纳等人"请"到联军指挥部商议。商议的结果是柏贵继续担任广东巡抚，但实权仍在联军手中。

    联军委员会表面上只负责处理大清国人控告外国人所犯的罪行，实际权力却很广泛，包括"严格控制柏贵，监督文告的发布，研究中国人和外国人之间的一切问题，通过秘密来源收集关于居民意向和外人安全的情报，以及协同柏贵维持秩序，保障外国人在全城和广大郊区的权利"[1]。

---

[1] 蒋孟引：《第二次鸦片战争》，生活·读书·新知三联书店，2009年，第100页。

大清百姓在读公告

The Illustrated London News（1858-02-27）

《伦敦新闻画报》

广州的傀儡政权建立后，在英方授意下，广东巡抚柏贵发布了一些安民告示，要求大清国人与洋人友好相处、不得称洋人为鬼子等。图中便是当地百姓在读公告。

1857年12月底广州沦陷，次年1月5日叶名琛被俘。咸丰皇帝虽然任命了新的两广总督，但在其未到任前广州一切事务暂时由柏贵代理，广州实际上处于英法联军控制之下。但广州民众并未屈服，时有团练袭击联军的战事发生。

英军的苦力团前往珠江上游

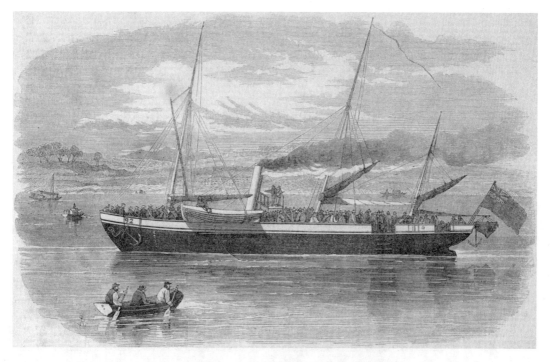

The Illustrated London News（1858–03–06）
《伦敦新闻画报》

　　为了解决英军人力不足的问题，包令将大量的香港苦力组成苦力团（Military Train）。"这些广东苦力每个月能领到九美元的丰厚报酬，外加两套衣服和口粮。尽管报酬丰厚，英勇的少校却招不到足够的人手，而招来的又都是一些不良之徒。原来，华人中间流传着一个荒诞的谣言，说是一打仗英国人就会叫华人冲在前面当炮灰……大多数人都不相信，我们雇这些苦力只是想让他们做脚夫……说起苦力队的真正用途，除了其中的成员大都是一些社会渣滓，其他并不重要。"[1]此图描绘了苦力团1857年在圣诞夜出发执行任务的场景。

[1]　斯温霍：《1860年华北战役纪要》，邹文华译，中西书局，2011年，第1—2页。

联军在广州的登陆点

The Illustrated London News（1858–04–10）
《伦敦新闻画报》

　　"联军的登陆地点在距离广州城墙东南角以东1英里左右的地方。通常这里都停有20—30艘船，有运兵船、运输船、炮舰等。联军需要大量的人员帮助运送食物和军需，韦斯沃（Wetherall）上校为此专门建立了一支'苦力团'。"（《伦敦新闻画报》）

联军在广州新建的登陆地点

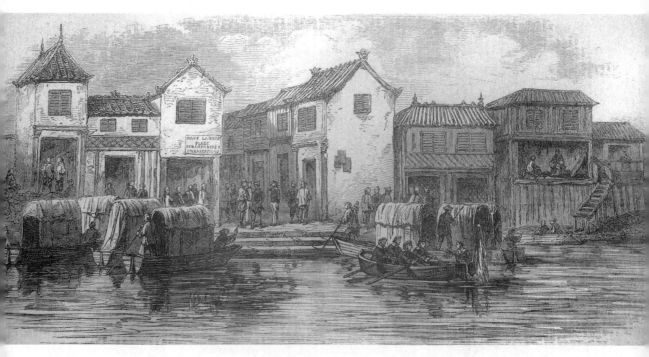

Illustrated Times（1858–07–10）
《泰晤士画报》

　　1858年，"当联军成为广州城的主人后，为了使水道航行更有秩序，他们制定了规章制度。联军在广州城东南角建立了一个新的登陆地点，便于他们的物资运输和人员登陆。在此之前，当地渔家女经常报复袭击欧洲人，因为他们的到来导致广州沦陷。现在，联军制定了新的规则，不允许渔民的船只在江上大规模群聚，这些年轻的渔家女便无法再骚扰、攻击西人"。（《伦敦新闻画报》）

英军的苦力团

The Illustrated London News（1858–03–20）
《伦敦新闻画报》

　　"苦力团由大清苦力组成。他们身穿黑衣，赤脚，肩上斜挎一根白带，白带上用中文、英文写着他们所属的番号。苦力都戴着圆锥形的竹编斗笠，上书'Military Train'（军队苦力团）。据《伦敦新闻画报》记者描述，这些苦力非常能干。当时驻港英人曾预测大清苦力会叛变投敌，但实际上他们服从命令听指挥，吃苦耐劳，从早到晚，不停地搬运各种辎重到前线，毫无怨言。我画了几张速写。这些大清国人如果看到自己上了报纸，一定非常兴奋。他们喜欢用《伦敦新闻画报》装饰他们的房屋和沙船。"（《伦敦新闻画报》）

广州英军第二步兵旅司令部

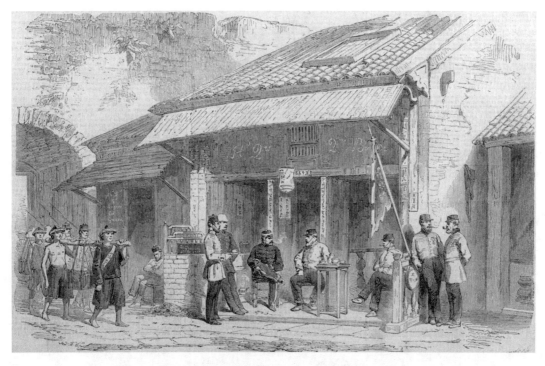

The Illustrated London News（1858–03–20）
《伦敦新闻画报》

1858年初，广州城战役结束。英军官兵在休憩，大清苦力们正在运送给养和军需品。

"从拱门到广州城东门之间，到处都是乞丐、盲女和儿童在乞讨。英军第二步兵旅格雷厄姆上校将他的司令部设在靠城门的第一家商店里。这段区域有一座米仓，到处尘土飞扬，格雷厄姆上校也上手帮着打扫。在打扫过程中，上校将一些米分给路边的乞丐。司令部边上有座庙，庙里一位70岁的老人拒绝离开。他说只要给他一些米、烟草、茶叶，他便知足了。英军告诉他，（皇家）海军陆战队对他们这些穷人会比较慈悲，若皇家海军来了，他们就没好日子过了。而这位老人却说，庙里跟他一起的三位年轻和尚在广州城战役中被联军炮弹炸死了，他并不感到恐惧，所以不在乎。"（《伦敦新闻画报》）

战后的广州城东门

The Illustrated London News（1858–03–27）
《伦敦新闻画报》

　　"广州城是一个不规则的正方形，东西走向的城墙把整个城分成两部分，面积大些的叫老城，面积小的叫新城。沿着整个城墙走一圈需2个小时，6—7英里。南边的城墙与珠江平行，离珠江只有15—20个标杆（rods，1rods=5½码，即75—100米）。城墙用砖砌成，地基是砂石，高度一般为20—30英尺。"（《伦敦新闻画报》）

英国皇家海军陆战队军官的临时宿营地

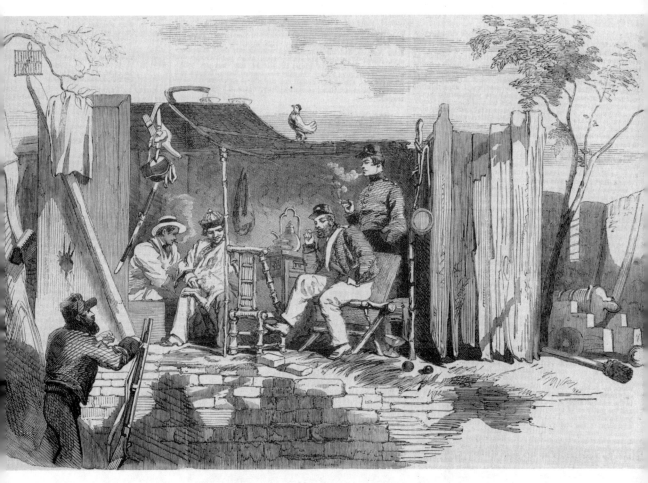

The Illustrated London News（1858-04-10）
《伦敦新闻画报》

1858年初，战役结束后，英国军官在广州城墙附近休憩，树上悬挂着中式鸟笼，右下角是火炮、炮弹、填弹塞。其中一位军官穿着中式服装。在第二次鸦片战争期间，出现过身着中式服装的联军官兵被误射的事件。

英法联军伤员在香港

The Illustrated London News（1858–04–17）
《伦敦新闻画报》

　　1858年，香港，"赫克勒斯号"（Hercules）上的联军伤员（从左至右：吉尔福特中尉、巴特勒中尉、道森中尉、皮姆中尉、大清仆人）。在整个第二次鸦片战争中，联军下级军官总是身先士卒，所以他们伤亡的比例相当高。

英军驻大清地面部队总指挥斯托本兹少将

The Illustrated London News（1858–05–22）
《伦敦新闻画报》

1857年5月，斯托本兹（Sir Charles Thomas van Straubenzee, C. B.）率领英军地面部队进攻广州。斯托本兹曾在1834年参战镇压印度叛军；1855年在克里米亚战争中率领部队围困塞瓦斯托波尔要塞；1855年9月8日，率领第一步兵旅冲锋陷阵，身负枪伤。此后，他获得了克里米亚战争功勋章，并被授予荣誉军团军官称号。

广州的英国警察和大清国警察

The Illustrated London News（1858–06–05）
《伦敦新闻画报》

1858年，英国和大清国警察在广州。

广州码头上的英军孟加拉裔哨兵

The Illustrated London News（1858–06–05）
《伦敦新闻画报》

1858年初，联军委员会成立了一个治安警察部队，英军40人，法军20人。这支部队日益扩大，有同样数量的大清警察协助。

英军苦力团在广州南城墙集合

The Illustrated London News（1858–06–05）
《伦敦新闻画报》

    1858年，被招募来的大清苦力由英国海军委派的军官管理，他们经常被拉出来操练，操练时，每人肩扛一根竹扁担。

英军苦力团正在拆除贡院的墙

The Illustrated London News（1858–06–26）
《伦敦新闻画报》

　　"1858年4月21日，驻广州的联军不时听到传言，说要打仗。上周一艘从香港过来的炮舰带来情报说清军将在广州城西北角与联军开战。3艘炮舰开往流溪河侦察，但未看到任何开战迹象。前天又听说清军将在贡院或联合登陆点附近进攻。开始我们每个人都期待打一仗。晚上我们做好宿营准备，也准备好随时出击。夜里12点左右，我们突然听到报警信号，时不时还听到枪炮声，甚至是发射火箭的声音，但事后证明虚惊一场。因为第二天早上发现只有一座房子坍塌。此后，联军将一艘炮舰停在了军粮部附近。"（《伦敦新闻画报》）

剃头

The Illustrated London News
（1858-06-26）
《伦敦新闻画报》

大清理发师在广州贡院内为英军孟加拉裔士兵剃头和刮面。为了方便工作，理发师将辫子缠在头上。

广州城外的珠江恢复了平静

The Illustrated London News（1858-07-17）
《伦敦新闻画报》

1858年，《伦敦新闻画报》记者兼画师在广州画的一幅速写《从河南岛看广州城》。画中可见被英军轰毁的部分城区，也能看到珠江上船只密布，民生似已恢复。

英军第七十孟加拉步兵团

The Illustrated London News
（1858–07–17）
《伦敦新闻画报》

英军第七十孟加拉步兵团每星期三到军粮部领取口粮，军粮部仓库离河很近，里面堆着大量装满熟牛肉的箱子，箱子对面是米袋。

The Illustrated London News
（1858–07–17）
《伦敦新闻画报》

孟加拉步兵团的官兵们吃饭时习惯分开坐。他们每个人都有一个铜罐。根据教义，铜罐是净身时用的。

广州城地图

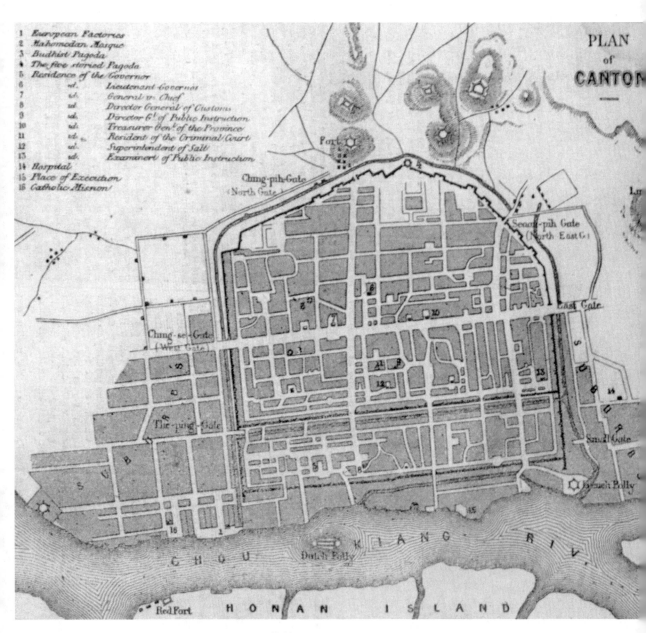

The Illustrated London News（1858–07–24）

《伦敦新闻画报》

1858年，广州的地理地貌。

地图左上角图示：

1.European Factories：十三行；

2.Mahamedan Mosque：清真寺；

3.Buddhist Pagoda：佛塔；

4.The Five Storied Pagoda：镇海楼；

5.Residence of the Governor：总督住所（叶名琛住所）；

6.Residence of the Lieutenant Governor：副都统住所；

7.Residence of the General in Chief：广州将军住所；

8.Residence of the Director General of Customs：粤海关监督住所；

9.Residence of the Director General of Public Instruction：广东学政住所；

10.Residence of the Treasurer General of the Province：广东布政使住所；

11.Residence of the Resident of the Criminal Court：广东提刑按察使住所；

12.Residence of the Superintendent of Salt：广东盐运使住所；

13.Residence of the Examiner of Public Instruction：广东贡院；

14.Hospital：医院；

15.Place of Execution：刑场；

16.Catholic Mission：天主教堂。

地图中其他图示：

North Gate：北门；

North East G：东北门；

East Gate：东门；

West Gate：西门；

Chou Kiang Riv.：珠江；

Dutch Folly：荷兰炮台；

Honan Island：河南岛；

Red Fort：红炮台；

Suburbs：郊区。

英军苦力团中竹竿队的苦力们在赛跑

The Illustrated London News（1858–08–14）
《伦敦新闻画报》

　　1858年5月24日是英国维多利亚女王的生日。为庆祝女王生日，英军军营里举行了摔跤、赛跑和叠罗汉等活动。有些苦力还趁这天休息吸食鸦片。图中描绘的是大清苦力在赛跑。

英法联军进攻白云山附近的清军

The Illustrated London News（1858–08–14）
《伦敦新闻画报》

"1858年6月2日，英军地面部队总指挥斯托本兹少将接到确切消息，有部分清军兵勇在广州东北部的山下安营扎寨。斯托本兹派出海军陆战队前往白云山侦察敌情。侦察部队发现了一个清军营地，于是准备进攻，同时派人前往联军司令部请求增援。但当援兵到达前清军就带着帐篷撤走了。第二天，海军陆战队与清军在附近一个村庄开战。清军发挥了他们一贯的战术，在小山上布满兵勇，向英军发射火箭，但对英军伤害不大。海军陆战队分三路穿过稻田，向前进攻，清军兵勇迅即撤退。

"广州6月的天气非常热，即便在树荫下温度也高达华氏90度（约为32.2℃）。在这样的天气里作战，太阳成了英军最大的敌人。3名英军士兵中暑而亡，被就地掩埋。整个伤亡人数加起来达到100人左右。"（《伦敦新闻画报》）

法国官兵驱赶火场周围的大清国人

The Illustrated London News
（1858–09–18）
《伦敦新闻画报》

　　特莱修的杂货店是广州城里一家外国人开的卖洋酒和各种食品的商店。1858年6月某日，店主特莱修预感将有动乱发生，于是收拾东西跑到联军所在地。6月底，他的杂货店被人点火焚烧。当他看到自己的店燃起熊熊大火，来不及穿衣戴帽便跳上一条小船。等他赶到时，看见法军挥舞着军刀在大火现场驱赶大清国人，并且朝杂货店附近的房屋开枪。法军并没有试图去救火，杂货店最后被烈火完全吞噬。

水兵登陆广州

The Illustrated London News
（1858–09–18）
《伦敦新闻画报》

　　1858年7月3日，超过100名"无与伦比号"炮舰上的水兵登陆广州，以加强联军司令部的防卫。此前，司令部曾被围困。

联军的伤员登上"广州号"轮船

The Illustrated London News（1858–10–23）
《伦敦新闻画报》

　　图中的"广州号"（右上）是一艘公司的蒸汽船，由英国政府租用，兰德尔（Randall）上尉负责船务。1858年8月，苦力们先将伤员用担架抬至停在栈桥口的舢板上，再由舢板将他们送上蒸汽船。蒸汽船的环境和条件远远超过军舰，舱位和通道都很宽敞。图中最靠前的船只是黄埔舢板，左边的是广州舢板，建造样式风格不同。

"复仇者归来"

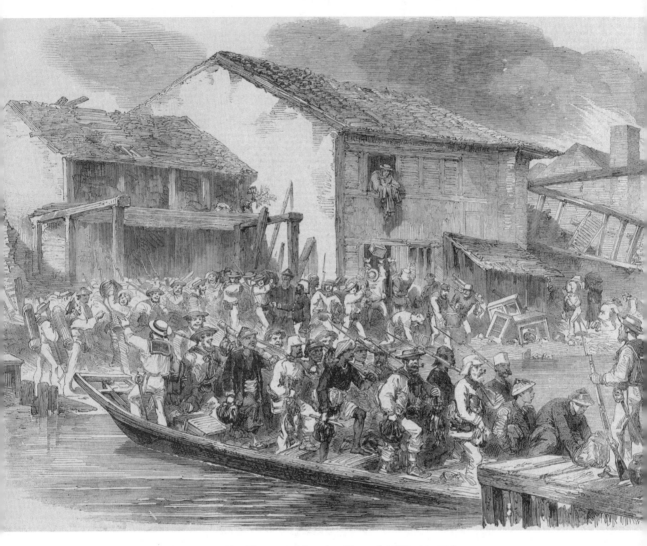

The Illustrated London News（1858–10–09）

《伦敦新闻画报》

1858年9月，广州，"复仇者归来"。

"1858年间，英法联军和苦力团的苦力在广州城内烧杀抢掠，常常满载而归。他们将自己的这些恶行戏称为'找乐子'。你可以看到这条小溪并不宽，在小溪右岸，清军的兵勇向联军水兵和大清苦力投掷火箭。以这些被摧毁的房屋为背景，加上联军和苦力们各色的服装，整个场面看起来像在上演一出戏。

"星期天早上10点左右，穿着蓝色军装的英国水兵从司令部出来涌入街头，大清苦力团的'竹竿队'、印度士兵、法军士兵和海军陆战队员汇集到一起。他们乘船而来，先把船停靠在小溪的对岸，接下来你就能看到他们肆无忌惮地打、砸、抢。大清苦力像猴子一样敏捷地爬上房顶开始乱砸一气，底下的印度兵也冒着被砖瓦砸头的危险将房屋的柱子摧毁。联军中有些胆大的还进到街道远处去打砸抢。在很短的时间内，三天前还充满人气、繁华的商业区就变得一片狼藉。被摧毁的房屋只剩下一个空壳，到处黑烟四起。这些复仇的外国'鬼子'挨家挨户堆积木头，然后点火焚烧。一片死寂之后，人们能听到房屋燃烧发出的噼啪声。

"'复仇者们'登船回来了，这是一幅什么样的景象啊！每个人都随身带回大量的赃物，有的人皮带上挂着两只活鸡，有的人抢了一头猪，还有的人抢灯笼、佛像。他们将抢来的东西背在背上、扛在肩上、提在手上。'竹竿队'的家伙们聪明狡猾，他们去抢掠之前就在腰上缠好一个布袋，以便装赃物。在小溪的下游，可以见到另外一群人在抢家具、刀剑、旗帜等。"（《伦敦新闻画报》）

广州的繁华街道被"野蛮人"光顾后的景象

The Illustrated London News（1858-10-09）
《伦敦新闻画报》

1858年9月，在军事管制下，联军占领广州城后首先解除了清军武装，查封收缴武器，让乡勇们撤出城区；此外，联军在观音山下建起军营，以供居住；城门也多由联军守卫。城外的广东团练时有攻击联军，联军便用更残酷的手段报复居民。"绅团一有举动，即杀百姓倍蓰，焚烧房屋，或一条街，或半条街，故意激民怨绅，城内外已半为煨烬。"[1]一位在广州的英国人写道："军官、士兵、水手、领事、不负官职的平民，一句话，我这里所有的同胞都可以为所欲为。"[2]连额尔金在给妻子的信中也不得不承认："我相信我们自己的水兵是最坏不过的了。"[3]

---

[1] 齐思和等：《中国近代史资料丛刊：第二次鸦片战争（六）》，上海人民出版社，1979年，第334页。
[2] 齐思和等：《中国近代史资料丛刊：第二次鸦片战争（六）》，上海人民出版社，1979年，第334页。
[3] 蒋孟引：《第二次鸦片战争》，生活·读书·新知三联书店，2009年，第96页。

英军军粮部附近的突发枪战引起的慌乱

The Illustrated London News（1858–10–16）
《伦敦新闻画报》

1858年，"10月初的一天，清军向联军军粮部外城墙上的哨所处投掷炸药包。顿时，军粮部一片大乱，枪声、奔跑声、喊叫声四起。画中右方是联军的军粮部，正前方是一段胸墙，联军正在朝对面的房屋射击。左边的房子是一座庙，是英军第六十五孟加拉团的所在地，医护人员正将受伤的孟加拉士兵抬走"。（《伦敦新闻画报》）

苦力团在拆除房屋

The Illustrated London News（1858–10–16）
《伦敦新闻画报》

1858年10月初，广州，联军的苦力团正在用竹杠推倒燃烧后的断壁残垣，坍塌的墙体使得灰尘四起。图中左二是联军的督工，口中喊着："快！快！快！"劳工们也一起叫着号子："来，来，来!"

珠江岸边的一个码头

The Illustrated London News（1859–03–12）
《伦敦新闻画报》

"1859年1月4日，1500名正在行军操练的联军路过一座清军的兵营。清军见到大批联军来临，立即开火，联军迅速撤到墙内。联军经过商议，决定对这些'战无不胜'的清军提交最后通牒，令他们3日内投降，否则将他们全部歼灭。随后，联军在广州城墙上贴满了最后通牒的布告。3日后，清军没有任何投降迹象。1月8日，星期六，6点，联军出城。同时，由'山鹬号'带领的联军舰队沿着流溪河出发，来到一座部署有6门炮的清军炮台。清军开火，'山鹬号'舰首中了一发炮弹，桅杆和船尾也各中一弹，不过，英军仍然攻占了该炮台。在离桥不远的地方，有一个部署着13门大炮的清军阵地。联军步兵从正面进攻，水兵旅从后面夹击，清军发现腹背受敌后便立即撤退。联军在这里发现了一座弹药库，随后便摧毁了它。他们还在现场发现了一个被掩埋的欧洲人的头颅。联军伤亡3—5人，清军阵地有几座房屋和庙

宇被烧毁。联军回到广州北门，英军第六十五孟加拉步兵团在北门奏乐欢迎他们凯旋。"（《伦敦新闻画报》）

这幅画表现了战斗结束后的场景。码头上躺着两位伤员，其中一位是生病的英军士兵（右边），另一位是被烧伤的清军。边上站着两名船家女。

第二部

天津：船坚炮利

第一次大沽战役

　　英法联军入侵广州后，英、法、美、俄四国代表商议，希望与清政府在上海签订共同条约。1858年2月26日，四国照会转递至北京，称公使们将于3月底到达上海，届时如仍未得到清政府回复，将直接北上至天津。岂料清政府没有屈服。4月20日，英法联军舰船20余艘、官兵2600余人，遂抵天津大沽口外，要求与大清全权代表谈判，清政府则坚持要将谈判移至广州。5月20日上午8时，联军向直隶总督谭廷襄下战书，限2小时内交出大沽炮台，谭廷襄置之不理。时限一过，联军便出动炮舰、海军陆战队，向大沽南北炮台进攻，驻守炮台的9000名清军官兵则奋起还击。守军抵抗近2小时，阵亡约200人，炮台陷落。5月26日，联军炮舰溯海河驶抵天津，并再次照会清政府，要求派大臣来议事，两日内如无回信，将从天津进入北京。这一次，清政府妥协，5月28日，咸丰帝委任大学士桂良、吏部尚书花沙纳为钦差大臣，前往天津议和。在英法的高压下，桂良等被迫接受全部要求，于6月中下旬与英、法、美、俄四国在天津签订了《天津条约》，并约定1859年6月正式换约。

　　1858年6月26日，《中英天津条约》签署，共56款，专条1款。1858年6月27日，《中法天津条约》签署，共42款，补遗6款。说是谈判，其实条约内容都是英法两国自己拟定的，一字未改。

　　条约的主要内容包括：（一）增开牛庄（后改营口）、登州（后改烟台）、台湾（后改台南）、潮州（后改汕头）、琼州、淡水、汉口、南京、镇江、九江为通商口岸。（二）英法人士可在内地游历及传教。（三）英法商船可以在长江各口往来。（四）英法人士在华犯罪，各由该国之领事处理。（五）关税由双方协定，每十年修订一次。（六）双方互派公使，外使可行西礼，并进驻北京。（七）清朝赔偿英国400万两白银、法国200万两白银。

1858年11月8日，清钦差大臣桂良、花沙纳与英国全权代表额尔金在上海签订了《中英通商章程善后条约》，并附有《海关税则》，该条约规定：（一）鸦片改称"洋药"，可自由买卖及进口。（二）海关聘用英人帮办税务。（三）修改税则，以"值百抽五"，即5%为原则。

1858年5—6月，俄国和美国以调停人的身份，也与清政府谈判签约。6月13日，中俄签署《中俄天津条约》，共12款；6月18日，中美签署《中美天津条约》，共30款。

咸丰帝看到《天津条约》后，对条约的苛刻条款相当不满，但也无可奈何。为防英法舰队再次入侵，他任命蒙古亲王僧格林沁为钦差大臣，会同礼部尚书瑞麟组织大沽和华北防务。

白河战役中白河及周边区域图

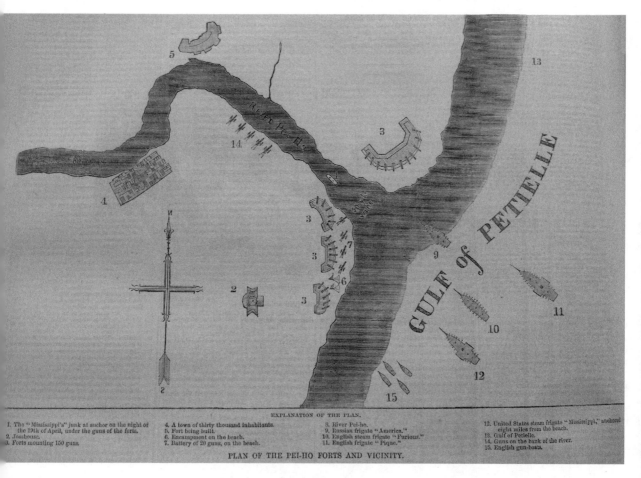

EXPLANATION OF THE PLAN.

1. The "Mississippi's" junk at anchor on the night of the 19th of April, under the guns of the forts.
2. Josshouse.
3. Forts mounting 150 guns.
4. A town of thirty thousand inhabitants.
5. Fort being built.
6. Encampment on the beach.
7. Battery of 20 guns, on the beach.
8. River Pei-ho.
9. Russian frigate "America."
10. English steam frigate "Furious."
11. English frigate "Pique."
12. United States steam frigate "Mississippi," anchored eight miles from the beach.
13. Gulf of Petielle.
14. Guns on the bank of the river.
15. English gun-boats.

PLAN OF THE PEI-HO FORTS AND VICINITY.

Harper's Weekly（1858–08–14）

《哈泼周报》

下部图示为：

1. The "Mississippi's" junk at anchor on the night of the 19th of April, under the guns of the forts：美国护卫舰"密西西比号"于4月19日夜间锚定在炮台下；

2. Joss house：庙；

3. Forts mounting 150 guns：配备有150门炮的炮台；

4.A town of thirty thousand inhabitants：3万居民的小镇；

5. Fort being built：在建炮台；

6.Encampment on the beach：沙滩上的营地；

7.Battery of 20 guns, on the beach：沙滩上配有20门炮；

8.River Pei-ho：白河；

9.Russian frigate "America"：俄国护卫舰"美洲号"；

10.English steam frigate "Furious"：英军蒸汽护卫舰"愤怒号"；

11.English frigate "Pique"：英舰"皮克号"；

12.United States steam frigate "Mississippi"，anchored eight miles from the beach：锚定的美国蒸汽护卫舰"密西西比号"距离沙滩8英里；

13. Gulf of Petielle：北直隶湾；

14.Guns on the bank of the river：河岸边的炮；

15.English gun-boats：英军炮舰。

白河炮台

Harper's Weekly（1858–08–14）
《哈泼周报》

1858年5月，白河炮台（在美国护卫舰"密西西比号"上所绘）。

英法联军占领广州以后，英、法、美、俄四国使节都认为下一步四国应该联合北上，迫使清廷就修约一事就范。1858年5月美国"密西西比号"北上大沽与清廷交涉。图中白河上的船是美国临时包用的一艘中式帆船（美国人将其命名为"白河号"）。美国派信使乘该船到大沽炮台递交照会，炮台上的清军误以为驶来的"白河号"是战船。据美国特使回来报告，当时成千的清军立即各就各位，架起大炮，手持长枪，进入紧急战备状态，战事一触即发。特使看到此情此景，极感震撼。

英法舰队在直隶湾

Illustrated Times（1858–10–09）

《泰晤士画报》

1858年5月17日，谭廷襄"传令南北两岸各营兵勇，普律出队，并饬后路健锐、火器等营一并出队，直至炮台，旗帜器械，鲜明整肃"[1]。

当时清政府执行对外妥协政策，但表面上也要表现出对备战的重视。目的不是同英法决一死战，只是为了要摆开架势，向白河口的联军"示威"，希望能使英法等国降低签约的要求。这幅由大清画家所绘之图展示了这一场景。

[1] 齐思和等：《中国近代史资料丛刊：第二次鸦片战争（三）》，上海人民出版社，1978年，第316页。

英法联军进攻白河炮台（一）

DRAGONNE (FRENCH). FORT, 15 GUNS. SLA

The Illustrated London News（1858–08–28）
《伦敦新闻画报》

　　下部图示（从左至右）中的舰船为：法舰"龙骑兵号"（Dragonne）、英舰"斯莱尼号"（Slaney）、法舰"火箭号"（Fusee）、英舰"鸬鹚号"（Cormorant）、英舰"鸨鸟号"（Bustard），以及四艘英舰"弗姆号"（Firm）、"负鼠号"（Opossum）、"瑟文号"（Severn）、"坚固号"（Staunch）。白河的左右炮台各有15门大炮。可以看到河道中有很多清军设置的障碍物。英法联军采取了水陆联合夹击的战术，清军炮台

RM. OPOSSUM. SEVERN. STAUNCH.
FUSÉE (FRENCH). CORMORANT. BUSTARD.　　　　　FORT, 15 GUNS.

岌岌可危。

　　1858年5月20日上午10时，联军炮舰开始进攻。他们将6艘炮舰分成两组同时发炮轰击南北两岸的炮台。"第一组由英舰'鸬鹚号'（Cormorant）与法舰'霰弹号'（Mitraille）、'火箭号'（Fusée）组成，炮轰南炮台；第二组由法舰'雪崩号'（Avalanche）、'龙骑兵号'（Dragon）与英舰'纳姆罗'（Nimrod）组成，炮轰北炮台。"[1]

---

[1]　夏笠：《第二次鸦片战争史》，上海书店出版社，2007年，第318页。引文中的"纳姆罗号"即本书中的"尼姆罗德号"。

英法联军进攻白河炮台（二）

The Illustrated London News（1858–08–28）
《伦敦新闻画报》

图示（从左至右）分别为：

Fort，8 guns：设有8门火炮的清军炮台；

Nimord：英舰"尼姆罗德号"；

Fort，10 guns：设有10门火炮的清军炮台；

Avalanche（French）：法舰"雪崩号"。

第一次鸦片战争后，大沽的战略位置变得十分重要。清政府开始对大沽炮台进行修复和加强。南北两岸共4座炮台，南岸3座，北岸1座。驻军约8000人，仅南北炮台即有3000人防守。1858年5月20日，联军进攻大沽炮台前，咸丰皇帝给直隶总督谭廷襄的旨意是"不得先行开炮"，以防落下口实。

英法联军进攻白河炮台（三）

Le Monde Illustré（1858–09–25）

《世界画报》

　　1858年5月20日，联军攻击、登陆白河炮台。在这次大沽战役中，联军采用了水陆夹击的战术。他们派出两支登陆部队进攻炮台："一支由英军二百八十九人、法军一百六十八人组成，共四百五十七人，夺取北岸炮台；另一支由英军三百七十一人、法军三百五十人组成，共七百二十一人，夺取南岸炮台。"[1]白河上的英法炮舰炮击清军阵地，掩护登陆的联军，中午12时左右，南北炮台均告失守。

---

[1]　夏笠：《第二次鸦片战争史》，上海书店出版社，2007年，第318页。

英法联军进攻白河炮台（四）

Illustrated Times（1858–10–09）
《泰晤士画报》

　　此图为大清画家所绘。1858年5月20日，英法联军攻击白河炮台。根据夏笠在《第二次鸦片战争史》中的描述，"大沽炮台共有四座，北岸一座，南岸三座。当时清方在海口一带的军事部署是：北岸炮台由游击沙春元驻守，直隶提督张殿元率炮营驻守北岸台附近，其后路则有副都统富勒敦泰扎营于六里外的于家堡，护军统领珠勒亨率马队驻新河地方。南岸第一旧炮台系署天津镇总兵达年督同护理大沽协副将德魁驻守；第二中炮台系都司讷勒和等驻守；第三南炮台系署游击陈毅等驻守；其后路则有谭廷襄率督标兵驻海神庙，刑部侍郎国瑞率马队扎营于新城以南"[1]。

---

[1]　夏笠：《第二次鸦片战争史》，上海书店出版社，2007年，第318—319页。

白河上的联军炮舰（一）

Le Monde Illustré（1858–09–25）
《世界画报》

1858年5月20日，白河上的联军炮舰。

白河上的联军炮舰（二）

Le Monde Illustré（1858–10–02）
《世界画报》

　　1858年5月20日，联军舰队炮轰清军水师兵船。两军水师交战，清军不敌。图中可见清军水师兵船浓烟滚滚。

联军登陆白河炮台

Narrative of the Earl of Elgin's Mission to China and Japan: 1857—1859
（Laurence Oliphant, 1860）
《额尔金勋爵出使华夏、东瀛见闻录（1857—1859）》

　　1858年5月20日，联军登陆部队首先乘桨划艇靠近岸边。登陆后的联军（此处是英军）越过约几码长、没膝的泥泞地段上岸。图中可见手持军刀的指挥官领军前行，左方是清军所设置的木桩障碍物。

联军登陆白河北炮台

Le Monde Illustré（1858–09–25）
《世界画报》

　　根据英国海军少将西马縻各厘发给英国海军部的电报，联军从5月20日10点钟发起进攻后约1小时15分钟，清军炮火基本停止。联军登陆几乎未遇抵抗。此图表现的是联军登陆大沽北炮台的场景。带队的指挥官是尼克森（Sir F. Nicholson）少校和李维柯（Leveque）少校。登陆大沽南炮台的指挥官是霍尔（Hall）少校和雷诺（Renaud）少校。

大沽北炮台的清军弹药库突然爆炸

Le Monde Illustré（1858–09–25）
《世界画报》

1858年5月20日，大沽北炮台的清军弹药库意外爆炸，顿时传出震耳欲聋的爆炸声。当时在北炮台的是一群法国水兵，受重伤的就达40人，虽然抢救及时，但还是有几人死亡。《额尔金勋爵出使华夏、东瀛见闻录（1857—1859）》一书中，有关于这场爆炸的细节描述："他们中间许多人无法忍受这么可怕的痛苦，埋头爬过炮台前的斜坡，滚入下面的壕沟里。我看见这些狼狈的可怜虫之一，滚过泥泞的池沼后，匍匐爬上对岸，虽然他被烧得看起来像一块铁渣，但当他无力地在头上挥舞帽子时，还疯狂地叫喊：法皇万岁！法国万岁！"[1]

据西马縻各厘发给英国海军部的电报，在整个大沽战役中，英军阵亡5人、伤16人，法军阵亡6人、伤61人。法军的主要伤亡都是北炮台的弹药库意外爆炸造成的。

---

[1] Laurence Oliphant, *Narrative of the Earl of Elgin's Mission to China and Japan: 1857—1859,* New York: Harper & Brothers, 1860, PP.207—208.

设在大沽接待清廷官员的帐篷

Narrative of the Earl of Elgin's Mission to China and Japan: 1857—1859

（Laurence Oliphant, 1860）

《额尔金勋爵出使华夏、东瀛见闻录（1857—1859）》

　　此时大沽炮台已被联军占领。图中可见帐篷被炮火打穿了几个洞，帐篷对面有一屏风，上边绘有龙的图案。帐篷旁边停放着一个轿子，或许清官逃逸时已无暇乘轿，或许该轿的主人已经阵亡。英军水兵正将英国国旗竖起。右下角俯卧着一具清军尸体。据《额尔金勋爵出使华夏、东瀛见闻录（1857—1859）》一书记载，先行的联军官兵发现帐篷里仍摆设着橘子、石榴，立即大快朵颐了一番。[1]

---

[1]　Laurence Oliphant, *Narrative of the Earl of Elgin's Mission to China and Japan: 1857—1859*, New York: Harper & Brothers, 1860, P.207.

联军攻入塘沽镇

Le Monde Illustré（1858–09–25）
《世界画报》

联军占领白河炮台后迅速沿着白河前往于家堡、海神庙。他们烧毁浮桥，并迅速占据了东、西大沽二村。当时谭廷襄率领督标兵驻扎海神庙，清军用40余艘船在海神庙前搭建浮桥，连接两岸。刑部侍郎国瑞则率领清军马队驻扎在新城以南。

海神庙

Narrative of the Earl of Elgin's Mission to China and Japan: 1857—1859
（Laurence Oliphant, 1860）
《额尔金勋爵出使华夏、东瀛见闻录（1857—1859）》

联军占领了大沽炮台及周边地区。在当地居民的带领下，一小队英军官兵进入了谭廷襄在大沽的临时住所——海神庙，在庙门口发现了一具被斩首的清军尸体，据说是因为擅自逃离战场被处决。联军试图寻找官方文件，无果，但却发现了少许诗歌、对联。其中一首诗是谭廷襄为哀悼亡妻而作。《额尔金勋爵出使华夏、东瀛见闻录（1857—1859）》一书的作者选登了英文译诗，并称此诗将改变西方人对大清国人缺乏亲情的印象。图中可见立有英国海军军旗的皇家海军桨划艇穿行于大清船只间，英军列队行走在海神庙前。（《泰晤士画报》1858年9月18日）

白河战役后，联军炮舰在白河搁浅

Illustrated Times（1858–09–18）
《泰晤士画报》

英法联军占领大沽炮台3天后，联军舰队沿着白河北上天津。1858年5月，由于落潮，联军的舰船搁浅。图中可见河岸上的人正将船拖离搁浅的水域。因为河底都是泥沙，所以舰船损伤不大。

白河战役后驶入天津的一艘联军炮舰

Illustrated Times（1858–09–18）
《泰晤士画报》

1858年5月26日，联军逆白河而上驶抵天津。好奇的天津百姓聚在白河边观看西方人进城。

大学士桂良　　　　　　　吏部尚书花沙纳

Narrative of the Earl of Elgin's Mission to China and Japan: 1857—1859

（Laurence Oliphant, 1860）

《额尔金勋爵出使华夏、东瀛见闻录（1857—1859）》

　　桂良，1785年出生，大清重臣，曾任兵部尚书、吏部尚书、直隶总督、东阁大学士等。1858年被咸丰皇帝任命为钦差大臣赴天津与英、法、美、俄四国谈判，最终代表清廷与四国分别签订《天津条约》。

　　花沙纳，1806年出生，咸丰年间任吏部尚书。1858年，作为清廷代表与东阁大学士桂良同赴天津议和，参与了《天津条约》的签订。

詹姆斯·布鲁斯，额尔金伯爵8世及金卡丁伯爵12世

The Illustrated London News（1859–12–03）
《伦敦新闻画报》

詹姆斯·布鲁斯（James Bruce），第8代额尔金（Earl of Elgin）伯爵，1811年出生，曾任加拿大总督。在第二次鸦片战争中，额尔金被任命为英国全权代表。他参与签署了1858年《中英天津条约》和1860年《中英北京条约》。1860年10月，额尔金下令焚毁圆明园。

法国全权代表葛罗男爵

Illustrated Times（1858–10–16）
《泰晤士画报》

葛罗男爵（J. B. L. Gros），1793年出生，法国外交官。在第二次鸦片战争中，葛罗被任命为法国全权代表。他参与签署了1858年《中法天津条约》和1860年《中法北京条约》。1860年英法联军远征大清期间，葛罗与额尔金在烧毁圆明园问题上出现了分歧。

Le Monde Illustré（1858–10–02）
《世界画报》

图中文书上用法文标有"和平条约"，左边持枪者为法军士兵，右下为清廷代表桂良。

清廷代表桂良抵达天津

Illustrated Times（1858–10–16）
《泰晤士画报》

　　1858年5月28日，咸丰皇帝派大学士桂良和吏部尚书花沙纳为钦差大臣前往天津议和。6月2日，咸丰皇帝又派耆英驰赴天津协同交涉。桂良一行人6月2日到达天津时，当地官员前来跪迎。

清廷全权代表桂良一行
抵达盟军在天津的驻地
（一）

Bibliothèque nationale de France
（法国国家图书馆）

　　1858年6月，清廷全权代表桂良一行抵达盟军在天津的驻地。图中可以见到大
清谈判特使坐着八抬大轿，前呼后拥，这样的阵容让围观的法军士兵也感到惊奇。

清廷全权代表桂良一行抵达盟军在天津的驻地（二）

Le Monde Illustré（1860–12–01）

《世界画报》

1858年6月4日，谈判开始后，清廷代表来到联军驻地面晤英法代表。

联军护送英法全权代表前往谈判现场

Illustrated Times（1858–09–25）

《泰晤士画报》

　　1858年6月4日，额尔金率随从坐12乘轿子，由150名水兵护送，乐队为前导，前往天津城南3里外的海光寺同桂良等人会面。这次谈判因大清文件不齐全，整个过程历时不到15分钟，之后额尔金将谈判事务交予英方通事李泰国（Horatia Nelson Lay）和翻译威妥玛（Thomas Francis Wade）。直到最后签约，额尔金才再次出现。

军队护送葛罗男爵前往谈判现场

Le Monde Illustré（1858–09–25）
《世界画报》

1858年6月4日，法国全权代表葛罗男爵及随行人员前去与清廷代表会面。

法国全权代表葛罗男爵前去与清廷代表会晤

Illustrated Times（1858–10–09）

《泰晤士画报》

　　1858年6月4日，法国代表葛罗一行乘八抬大轿前去谈判，前面是骑兵开道，后面是法军列队跟随。看热闹的百姓或立或坐，围观这罕见的一幕。

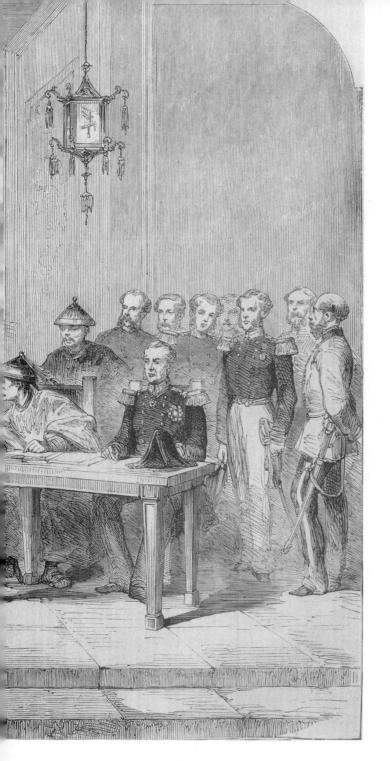

英国全权代表与大清签约

The Illustrated London News
（1858–10–02）
《伦敦新闻画报》

　　1858年6月26日，英国全权代表额尔金与大清签署《中英天津条约》。图中从
左至右为：花沙纳、额尔金、桂良、西马糜各厘。

英国额尔金与大清签约

Narrative of the Earl of Elgin's Mission to China and Japan: 1857—1859

（Laurence Oliphant, 1860）

《额尔金勋爵出使华夏、东瀛见闻录（1857—1859）》

1858年6月26日，英国额尔金与大清签署《中英天津条约》。图中是额尔金，他两边分别是花沙纳和桂良。图中可见东西方文化的差异。所有英国人在此类场合都脱帽，所有的大清国人从始至终都戴着帽子。另外，据西方目击者回忆，在场的大清代表身着耀眼的华服，给他们留下很深的印象。

签署仪式开始前，法国全权代表与清廷代表见面

Illustrated Times（1858–10–16）

《泰晤士画报》

　　1858年6月27日，签约仪式正式开始前，法军的一个乐队为大清代表演奏法国流行歌曲，以此回敬大清前一晚派乐队为法军演奏东方乐曲。演奏活动结束后，大清代表准备了水果、酒类等让大家共享。此后，才撤掉食物，铺上精美的桌布，正式开始签约。

法国全权代表与清廷代表签约（一）

Le Monde Illustré（1858–10–02）
《世界画报》

1858年6月27日，法国全权代表葛罗男爵与清廷代表签署《中法天津条约》。

法国全权代表与清廷代表签约（二）

Illustrated Times（1858–10–16）

《泰晤士画报》

　　1858年6月27日，开始正式的签约仪式。葛罗男爵坐正中，两边分别是桂良和花沙纳。签约结束后，法军脱帽欢呼。

军队护送英法全权代表签约

Illustrated Times（1858–11–06）
《泰晤士画报》

图正中的建筑为海光寺，是英法代表与清廷签约的地点。海光寺两边的花环上标有"广州"和"白河"字样，代表广州城战役和白河战役。最远处的背景即广州和白河。围绕签约现场周边的配图是前往签约地点的队伍。此画可见西方版画的一个特点：将重要人物或重要事件绘在版画正中，旁边配上次要人物或事件作为烘托。

美国特使与大清国官员会面

Harper's Weekly（1858–09–04）
《哈泼周报》

1858年5月4日，美国特使列卫廉与大清国官员会面。

1857年7月，美国特使列卫廉搭乘美国军舰"明尼苏达号"前往大清。1858年5月4日，列卫廉在大沽口炮台附近的一个帐篷里与清廷代表谈判修改1844年中美《望厦条约》。

此图由清廷画师所绘，展示了双方代表谈判的情形。主桌正中间蓄胡子的人是翻译丁韪良（美国传教士，William Alexander Parsons Martin），丁韪良的右边是大清代表谭廷襄，左边是列卫廉。谈判过程持续了两小时，收获并不大。1858年6月列卫廉与桂良及花沙纳再次谈判，双方最终于6月18日签署了《中美天津条约》。

上海道台薛焕

Narrative of the Earl of Elgin's Mission to China and Japan: 1857—1859

（Laurence Oliphant, 1860）

《额尔金勋爵出使华夏、东瀛见闻录（1857—1859）》

薛焕，1815年出生，晚清名臣。咸丰年间反对闭关自守，积极推行洋务。《天津条约》签订后，各国提出与清廷谈税则。桂良等人将细节部分的谈判交给熟谙洋务、曾任上海道台和海关监督多年的薛焕。1858年11月8日，桂良等与额尔金签署了《中英通商章程善后条约》。

额尔金率舰途经南京

Le Monde Illustré（1859–03–12）
《世界画报》

　　1858年6月26日签署的《中英天津条约》在原有基础上增加了汉口为通商口岸，使之成为长江沿岸最早通商的内陆口岸，史称汉口开埠。

　　图为1858年11月，额尔金率舰船从上海沿长江去汉口，途经南京时的情景。

　　额尔金以察看长江两岸还有哪些港口适合开放通商为由，不顾清廷钦差大臣们的极力劝阻，于11月8日率舰离开上海，沿长江经南京、九江抵达汉口，正式会见时任湖广总督的官文。额尔金于1859年元旦返沪。

湖广总督官文和他的随员们

Narrative of the Earl of Elgin's Mission to China and Japan: 1857—1859
（Laurence Oliphant, 1860）
《额尔金勋爵出使华夏、东瀛见闻录（1857—1859）》

　　据额尔金回忆："12月11日，晚6时——今天总督对我们回访，我们给他最高礼遇……我带他参观了我们的船，还设宴并照相。接待前后超过了3个小时……我们在甲板上为总督拍摄了照片，拍摄效果在木版画中一目了然，照片再现了大人的威仪。"[1]

---

[1]　Laurence Oliphant, *Narrative of the Earl of Elgin's Mission to China and Japan: 1857—1859,* New York：Harper & Brothers, 1860, PP.576—578.

英国商人送给额尔金的"自由城市荣誉"宝盒

Illustrated Times（1860–03–10）
《泰晤士画报》

额尔金于1859年5月回到英国，备受夸赞。英相巴麦尊提拔他为邮政总局局长；格拉斯哥大学选他为校长；伦敦的富商巨贾为了表彰额尔金为他们打开东方贸易通道，特制礼物赠予他（如图）。然而额尔金却在给妻子的家书中承认："在同这些中国人的关系中，我确切知道我们的行动是可耻的。"[1]（注："自由城市荣誉"宝盒，是中世纪时某城市的市民为表彰为该市做出杰出贡献人士而设的奖品。贡献包括拯救市民，使之获得自由解放，避遭奴役。此奖也颁发给造访该市的显赫政要。宝盒上立着手执三叉戟的"不列颠女神"，下面盘腿端坐两名大清人。此外，还有象征智慧的猫头鹰、象征和平的橄榄树、饰有大英国旗的盾牌、船锚等。）

---

[1] 蒋孟引：《第二次鸦片战争》，生活·读书·新知三联书店，2009年，第138页。

第二次大沽战役

"《天津条约》的侵略性质，侵略者自己供认不讳。"法使葛罗说："中国皇帝是在枪炮威胁下接受这些条件的，其中有些对于他本人和他的庞大帝国，都是屈辱的、致命的；这些条件，只有在暴力下才能实行。"时任英国陆军大臣的西德尼·赫贝特（Sidney Herbert）说："《天津条约》……每一条款都是新战争的祸根。"[1]

对于这种被迫签署的"城下之盟"，清政府实难接受。此后，天津防务对北京安全的重要性愈发突出。1858年7月至次年5月，在咸丰帝批示下，钦差大臣僧格林沁受命主持整顿、加强天津一带的防御体系。其主要措施有：（一）重建和添筑炮台，（二）恢复直隶水师，（三）集结兵力，（四）安置拦河设施，（五）提高兵勇作战能力。此番整治完善了防御体系，也增强了清军的战斗力。

1859年3月29日，桂良等人接到上谕："进京换约如能尽力阻止，更属妥善。倘该夷坚执不肯，务须剀切言明，议定由海口进京时，所带人数，不准过十名，不得携带军械。到京后，照外国进京之例，不得坐轿摆队。换约之后，即行回帆，不许在京久驻。"[2]而英法等国却另有打算，计划将舰队开进白河，直驶天津。

---

[1] 蒋孟引：《第二次鸦片战争》，生活·读书·新知三联书店，2009年，第140页。
[2] 齐思和等：《中国近代史资料丛刊：第二次鸦片战争（四）》，上海人民出版社，1978年，第37页。

1859年6月20日，英国公使卜鲁斯（F. W. A. Bruce）和法国公使布尔布隆（A. de Bourboulon）率领联军舰队开入直隶湾，打算沿白河到天津与清政府换文，然后进驻北京。按1858年的协议，当时商定英法与清政府于一年后交换文书。清政府建议英法代表在荒凉的北塘登陆，通过陆路北上换文，同时，清政府也不同意英法使节由众多军队护送进京。但英法代表并不接受清廷的条件。卜鲁斯认为，由白河进京是他们的权利，"接受直隶总督的提议无异于走上耻辱和失败的死胡同"[1]。由于双方意见相左，战事遂起。

　　第二次大沽战役中，联军统帅是英国海军远征司令贺布（James Hope），清军统帅是蒙古亲王僧格林沁。按贺布的作战计划，6月25日清晨，联军炮舰驶向铁戗口。因为正值涨潮，到达时间比预期晚。其间，还有炮舰搁浅。下午2时左右，联军才清除第一道障碍物，共拉倒10多架铁戗。此时，两岸炮台毫无动静，不见一兵一卒。炮台看似已经撤空。而当联军舰队到达鸡心滩的位置时，所有炮台上的草席突然卷起，南北炮台交叉开火。此时联军炮舰如待宰的羔羊，瞬间多艘船只中弹，贺布本人也负了伤。激战到下午4时，联军旗舰"鸻鸟号"被击毁，炮艇"茶隼号"和"庇护号"被击沉，"鸬鹚号"等炮艇先是搁浅，后又被击毁。下午5时，贺布下达登陆命令，结果进攻部队深陷泥滩，难以自拔。经过一昼夜激战，联军遭到惨败，13艘参战舰艇中，4艘被击毁击沉，死伤500多人，最后被迫撤退到直隶湾。

---

[1]　夏笠：《第二次鸦片战争史》，上海书店出版社，2007年，第365页。

清军统帅：僧格林沁

The Illustrated London News（1861–04–13）
《伦敦新闻画报》

　　僧格林沁，蒙古科尔沁左翼后旗人，1825年袭封科尔沁札萨克多罗郡王爵。1834年，授御前大臣。1855年因击败太平天国的北伐军被晋升为亲王。僧王备受咸丰皇帝器重，在第二次鸦片战争中为主战派将领之一。

联军统帅：英国海军少将贺布

The Royal Navy: A History by Sir William Laird Clowes
《英国海军史》

詹姆斯·贺布（James Hope），英国海军少将，1879年被授予海军元帅，1859—1862年任统辖印度洋及大清国水域的英国海军司令，参与过第二次鸦片战争，嗣后在上海协助清军与太平天国军队作战。

法军指挥官：垂考特

Le Monde Illustré（1859–10–01）
《世界画报》

　　"迪歇拉号"（Du Chayla）护卫舰舰长垂考特（Tricault）是法军在第二次大沽战役中的指挥官。该战役中法军阵亡4人，受伤10人，受伤军官包括垂考特舰长。

**1859年6月，英法全权
代表率舰强行进入白河口**

Illustrated Times
（1859–10–15）
《泰晤士画报》

　　英国公使卜鲁斯和法国公使布尔布隆是6月20日到达大沽口外的，美国公使华若翰（J. E. Ward）于次日到达。此时，集结在白河口外的炮舰有英舰20艘，载炮145门，舰上官兵2000余人；法舰2艘；美舰3艘。[1]

**1859年6月25日，
联军强攻白河口**

Illustrated Times
（1859–10–15）
《泰晤士画报》

----

[1]　茅海建：《第二次鸦片战争中清军与英法军兵力考》，载《近代史研究》，1985年第1期。

1859年6月25日，白河战役

THE BATTLE OF THE PEI-HO.—[FROM A SKETCH FROM THE MAIN-TOP OF A VESSEL IN THE RIVER.]

Harper's Weekly（1859–10–08）

《哈泼周报》

下部图示（从左至右）标注的炮舰分别为：

Starling：欧椋鸟号；Lee：庇护号；Banterer：巴特勒号；Nosegay：花束号；Opossum：负鼠号；Kestrel：茶隼号；Toey-Wan：托依旺号；Cormorant：鸬鹚号；Plover：鸻鸟号；Haughty：高贵号；Janus：杰纳斯号；Nimrod：尼姆罗德号。

英法联军炮轰白河口的清军炮台

U.S. Naval Academy Museum

（美国海军学院博物馆）

　　该画由美国海军学院博物馆收藏，描绘的是1859年6月25日第二次大沽战役的场景。图中正中央冒黑烟的蒸汽船是美国的包船"托依旺号"，船长是塔特纳尔（Josiah Tattnall），该船为英法炮艇提供各类服务。此次战役中，美方虽然以战地观察员的身份出现，却暗中协助英法。

1859年6月25日，联军舰队遭到大沽炮台清军的突然袭击

L'illustration Journal Universe
（1859–09–24）
《环球画报》

　　图中挂美国国旗的蒸汽船是美方包船"托依旺号"。被清军炮火击中的联军炮舰倾斜将沉。

白河战役中的美军

Harper's Weekly（1859–10–08）
《哈泼周报》

1859年6月25日，白河战役中，美军舰队司令塔特纳尔冒着双方的炮火去营救英军海军司令（美军战地记者绘）。

在1859年6月25日的白河战役中，打着"中立"旗号的美国本不能参战，但当美舰司令塔特纳尔眼见英国海军司令贺布无法脱身时，经美驻华公使华若翰同意，马上前去救助。塔特纳尔声称"血浓于水，当白人在自己面前遭到杀害，我若袖手旁观那就会下地狱"[1]。当时，大沽南北两岸炮台一起交叉开火，火力主要集中在贺布乘坐的"鸻鸟号"上。仅仅半个多小时，"鸻鸟号"遭受重创，40余名船员只有一人幸免未受伤。贺布亦腿部中弹。

此次战役中，"美舰'托依旺'号（Toeywan）把约五百个英、法海军陆战队官

---

[1] *Naval Institute Proceedings Vol. 40*, United States Naval Institute, 1914, P.1100.

兵运抵南岸炮台登陆；达底拿（编者注：塔特纳尔）自己前往'鸬鹚'号向受伤的贺布表示慰问时，美国士兵又留在'鸬鹚'号上同英国炮手一起协同作战。联军惨败后的两三天内，'托依旺'号更是'哪里需要援助它就赶到哪里'，从事接运军队、拯救落水官兵、拖曳受伤舰只等工作"[1]。

---

[1]　夏笠：《第二次鸦片战争史》，上海书店出版社，2007年，第370页。

　　　　　　　　　　　　　第二部　天津：船坚炮利

白河战役中，英法军队趟过泥泞的浅滩登陆

Harper's Weekly（1859–10–08）
《哈泼周报》

　　1859年6月25日下午7时，炮台终于停止了炮击，英军的炮舰伤痕累累。7时20分，大约600名英军水兵和工兵与60名法军水兵在大沽南岸登陆，企图攻取南岸炮台。南岸炮台外是一片五六百码宽的泥泞河岸，当时正值退潮，有的地方泥沼深及膝盖甚至腰部，后面还有三道宽阔的水壕。此时登陆的联军深陷泥沼，他们冒着清军的枪林弹雨，匍匐前行，或躲在壕沟里、土堆旁。天黑后，清军放出焰火，在准确判断登陆联军的位置后，再逐个击毙。两军激战一夜，最后以英法联军的惨败而告终。

"此战，清军参战部队共计4454人，阵亡32人，其中包括军官7人，炮墙略有损坏，火炮间有震裂及被击毁者。英军参战炮艇11艘，被击沉4艘，参战人数约1000余人，而炮艇分队即被击毙25人，受伤93人，登陆部队伤亡更重，被击毙64人，受伤252人；法军参战人数仅60人，也被击毙4人，受伤10人。总计伤亡448人。"[1]

---

[1]　茅海建：《近代的尺度：两次鸦片战争军事与外交》，上海三联书店，1998年，第352—353页。

　　　　　　　　　　　　　　　　　　　　第二部　天津：船坚炮利

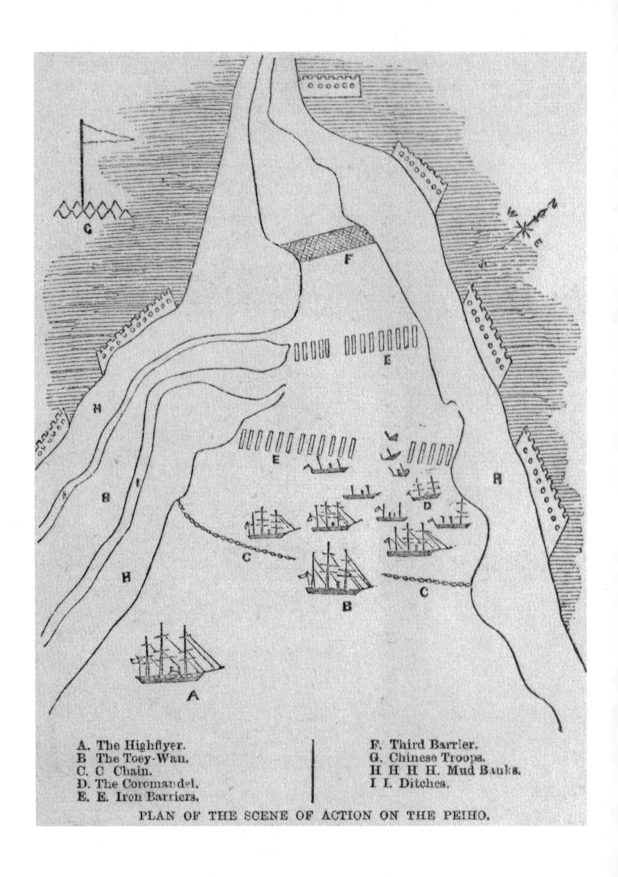

A. The Highflyer.
B The Toey-Wan.
C. C Chain.
D. The Coromandel.
E. E. Iron Barriers.

F. Third Barrier.
G. Chinese Troops.
H H H H. Mud Banks.
I I. Ditches.

PLAN OF THE SCENE OF ACTION ON THE PEIHO.

白河战役示意图

The Illustrated London News（1859-09-17）

《伦敦新闻画报》

图片下部图示为：

A. The Highflyer：（英舰）高飞号；

B. The Toey-Wan：（美国包船）托依旺号；

C C. Chain：清军设置的阻碍河道的铁链；

D. The Coromandel：（英舰）科洛曼德号；

E E. Iron Barriers：清军设置的阻碍河道的铁戗；

F. Third Barrier：清军设置的第三道障碍物；

G. Chinese Troops：清军；

H H H H. Mud Banks：退潮后泥泞的河岸；

I I. Ditches：沟渠。

白河口清军炮台地形图

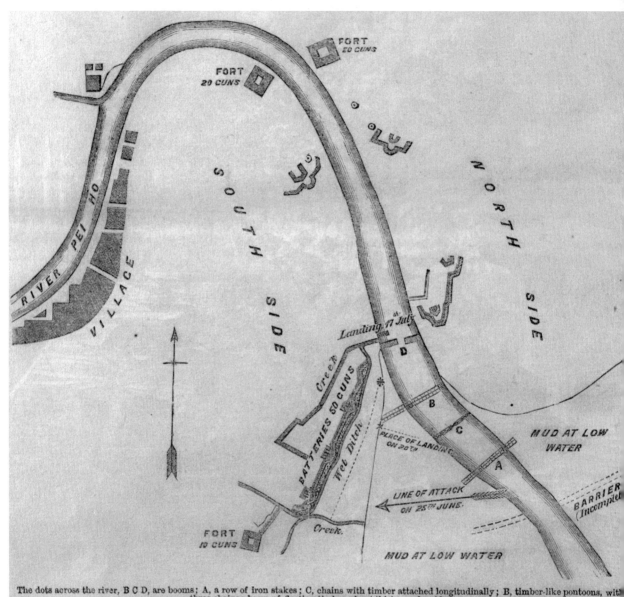

The dots across the river, B C D, are booms; A, a row of iron stakes; C, chains with timber attached longitudinally; B, timber-like pontoons, with three chains; boom of floating timber, about thirty yards wide.

PLAN OF THE CHINESE FORTIFICATIONS AT THE MOUTH OF THE PEIHO RIVER.

The Illustrated London News（1859–09–24）

《伦敦新闻画报》

图中英文（大致从左至右，从上至下）分别为：

River Pei Ho：白河；

Village：村庄；

South side：南边；

North side：北边；

Fort 20 guns：20门炮的清军炮台；

Landing 17th July：7月17日联军登陆；

Creek：溪；

Batteries 50 guns：50门炮的清军炮台；

Wet ditch：水濠；

Place of landing on 20th：联军6月20日登陆地点；

Line of attack on 25th June：联军6月25日进攻路线；

Mud at low water：退潮后泥泞地段；

Barrier（incomplete）：未完工的障碍物。

下部图示为：

The dots across the river，B C D，are booms：河对岸的那些点，B、C、D为漂浮的障碍物；

A. a row of iron stakes：拦河铁栈；

B. timber-like pontoons，with three chains；boom of floating timber，about thirty yards wide：木质漂浮物，绑有3条铁链；漂浮的木质水栅，约30码宽；

C. chains with timber attached longitudinally：纵向捆绑木头的链条。

联军攻打白河口的清军炮台

The Illustrated London News（1859–09–24）

《伦敦新闻画报》

下部图示为：

1. Extreme range of fire：清军火力范围；

2. Junks for landing parties：联军登陆用的沙船；

3. French dispatch-boats：法军舰船；

4. American dispatch-boat：美军舰船；

5. Coromandel：（英舰）科洛曼德号；

6. French cutter：法军快艇；

7. Nimrod：（英舰）尼姆罗德号；

8. Starling on the mud：搁浅的（英舰）欧椋鸟号；

9. Landing party：登陆部队；

10. Opossum：（英舰）负鼠号；

11. Kestrel：（英舰）茶隼号；

12. Janus：（英舰）杰纳斯号；

13. Lee（sunk）：（英舰）庇护号（被击沉）；

14. Banterer：（英舰）巴特勃号；

15. Opossum：（英舰）负鼠号[1]；

16. Cormorant（sunk）：（英舰）鸬鹚号（被击沉）；

17. Haughty：（英舰）高贵号；

18. Plover（sunk）：（英舰）鸻鸟号（被击沉）。

图中文字为：

Mud：泥沼；

Dry at low water：退潮时变干的地段；

Chain cable：拦河铁链；

Iron stakes：拦河铁戗；

12 miles from the ships：距联军主舰队12英里。

----

[1]　与图示10重复，应为负鼠号 II。

联军白河遇袭图

Plan topographique de l'attaque de Peï-ho par les forces alliées.

1. Bateau-poste français. 5. Banterer. 9. Opossum. 13. Nimrod. 17. Bones.
2. Bateau-poste americain. 6. Duchayla. 10. Coromandel. 14. Opossum, 2me position. A. B. C. Différents barrag
3. Janus. 7. Lee. 11. Haughty. 15. Starling. fleuve, dont le détail
4. Kestrel. 8. Plover. 12. Cormoran. 16. Troupes de débarquement. donné par les fig. 1, 2, 5

Le Monde Illustré（1859–10–01）

《世界画报》

下部图示为：

1. Bateau-poste français：法国船；

2. Bateau-poste américain：美国船；

3. Janus：杰纳斯号；

4. Kestrel：茶隼号；

5. Banterer：巴特勃号；

6. Duchayla：杜赫艾拉号；

7. Lee：庇护号；

8. Plover：鸻鸟号；

9. Opossum：负鼠号；

10. Coromandel：科洛曼德号；

11. Haughty：高贵号；

12. Cormoran：鸬鹚号

13. Nimrod：尼姆罗德号；

14. Opossum, 2nd position：负鼠号Ⅱ；

15. Starling：欧椋鸟号；

16. Troupes de débarquement：（联军）登陆点；

17. Boues：泥沼；

A. B. C.是河面上的障碍物，细节见图1.2.3.4.。

清军在白河口沼泽地设置的障碍物

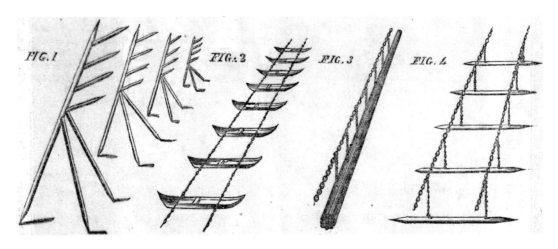

Le Monde Illustré（1859–10–01）

《世界画报》

图示：

FIG.1：铁蒺；

FIG.2、FIG.3、FIG.4：各式铁链。

清军在白河口设置的障碍物

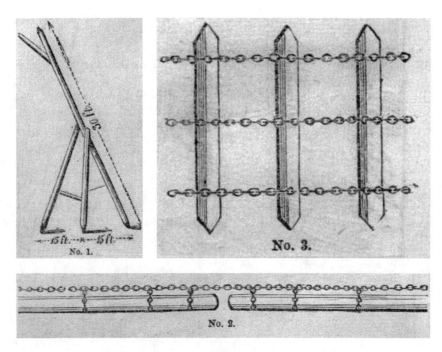

The Illustrated London News（1859–09–24）

《伦敦新闻画报》

图示：

No.1：铁戗，用于戳穿船底；

No.2：铁链附在木头上，两头固定住，能漂浮在水面上，用于拦截船只；

No.3：绑有3条铁链的木头，用于拦截船只。

　　1859年6月，为了防止联军炮舰进入白河，清军在大沽口的河面上设置了4道障碍物：第一道是铁戗，每隔20英尺设置一个，铁戗高约25英尺，下呈鼎脚式，插入河底，戗尖露出水面，戗的腰部横插利刃，用以戳穿敌船船底（如图No. 1）。第二、三道障碍物是铁链，附在木头上，漂浮在水面，两头由两岸的铁锚固定，横在河面上用于拦截船只（如图No. 2、No. 3）。第四道障碍物是木筏，每道障碍物之间留有一条狭窄的通道，以便小船出入，敌舰却无法通过。

清人绘制的白河防御图

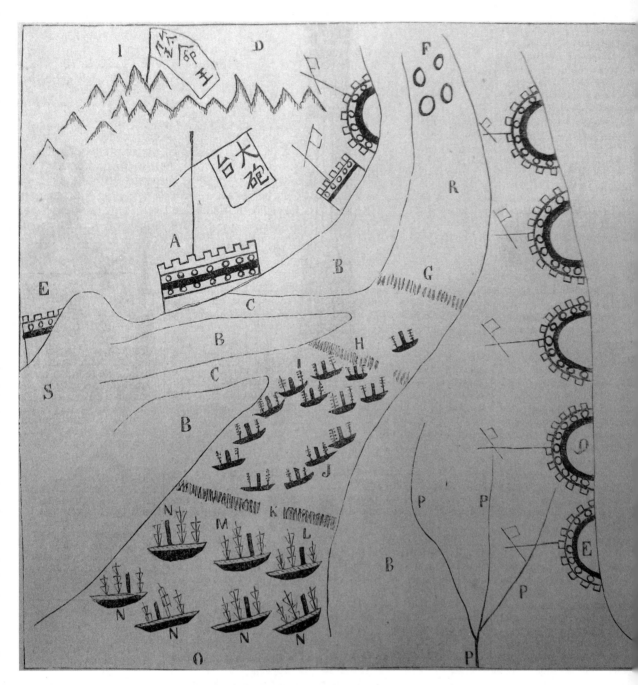

L'illustration Journal Universel（1859–10–01）

《环球画报》

图中字母指代的内容如下：

A.给联军舰队造成沉重打击的主炮台；

B.1.5米左右的泥滩；

C.白河支流；

D.蒙古兵营地；

E.被联军舰队击毁的炮台；

F.搁浅的联军舰船；

G.可以随时打开的闸门；

H.横跨白河的铁链；

I.被清军炮兵严重击伤的6艘炮舰；

J.3艘被击沉的联军炮舰；

K.河上的障碍物；

L.美国的船只；

M.法舰；

N.英舰；

O.白河口；

P.河滩；

Q.给联军舰船造成损失的炮台；

R.直通天津的河道；

S.联军登陆的位置，其中包括200至300名联军士兵。登陆后的联军陷入了泥泞的河滩，不能自拔，大部分被打死、打伤，或被俘。

亲王僧格林沁天津水陆防守地舆形势总图[1]

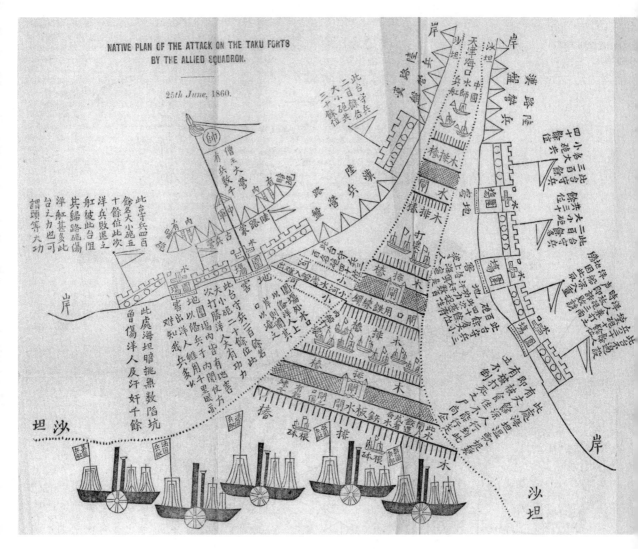

The Treaty Ports of China and Japan: A Complete Guide to the Open Ports of Those Countries,
Together with Peking, Yedo, Hongkong and Macao
（William Frederick Mayers, N. B. Dennys, Charles King, 1867）
《中日通商口岸：北京、江户、香港、澳门港口指南》

---

[1]　图中"25th June 1860"有误，应为"25th June 1859"。

该图详细介绍了1859年6月25日第二次大沽战役（白河战役）清军的布局和战术、英法战舰方位和障碍物位置、实际战况等。

（左：岸）
　1.“此台守兵四百余名，大小炮五十余位，此次洋兵败退之船被此台阻其归路，炮伤洋船甚多，此台之力也可谓头等大功。”
　2.“僧王大营，有兵数千。”
　3.“此台守兵二百余名，各大小炮共三十余位。”

（左：沙滩）
　1.“此处海坦，暗挑无数陷坑，曾伤洋人及汗（汉）奸千余。”
　2.“围场内皆有地窖，以备兵于内，开仗方出，洋人虽用千里眼，亦难知我兵多少。”
　3.“此台守兵二百余名，大小炮二十余位。此次打胜洋人大有功力。”
　4.“围场外水口，以备洋人上岸，则开其口以淹之。”
　5.“此台守兵三百名，炮四十位。”

（右：岸）
　1.“此台不过设兵三十余人，坏炮十余位。洋人来打之时，放炮三两声即诈败，诱洋船深入重地因此取胜。”
　2.“此台守兵二百余名，大小炮共三十余位。”
　3.“此台守兵三百余名，大小炮共四十余位。”

（右：沙滩）
　1.“此处海坦，湿软泥浆有丈余深，人行到此即被食住，不能行走。有被打死之尸尚企立不倒。”
　2.“此台守兵三百余名，大小炮四十余位。此次甚有功力，捉住汗（汉）奸数百名，俱是上海、宁波之人。”

（中：河道）
　1.“铁板水闸：此水闸乃铁造成者，每水闸之口俱有铁链子。”

2. "闸口用铁链锁，小河水浅，船入难出。"

在过去的一年中，清军在僧格林沁的指挥和监督下加固大沽炮台，架设了水平射击的大炮，交叉火力可以封锁河面。此次战役是自第一次鸦片战争以来大清的一次重大胜利。英法将此次失败归结于中了清军的"伏击"。此次英法联军失利，原因大致有二：首先，僧格林沁使用的障眼法战术起了有效的作用，"饬令官兵在暗处瞭望，炮台营墙不露一人，各炮门俱有炮帘遮挡，白昼不见旗帜，夜间不闻更鼓，每遇潮长（涨），各营撤去桥板，各项官兵不准出入"[1]，这使得联军难以确定情报虚实，加之贺布自负轻敌，指挥失误，导致联军遭受重大损失。其次，清军有了比较完善的防御体系，兵勇的战斗力也有提高。法国公使布尔布隆在战后致法国外交大臣函中写道："所有战役的参加者和目击者均认为，从战斗开始到结束，中国人在瞄准射击和操炮方面足以和训练有素的欧洲军队相媲美。"[2] 7月1日，贺布致函英国公使卜鲁斯："任何进一步的军事行动都不能达到成功的结果。"[3]

---

[1] 齐思和等：《中国近代史资料丛刊：第二次鸦片战争（四）》，上海人民出版社，1978年，第96页。
[2] 夏笠：《第二次鸦片战争史》，上海书店出版社，2007年，第369页。
[3] 夏笠：《第二次鸦片战争史》，上海书店出版社，2007年，第369页。

英法联军白河战败的消息传到香港

The Illustrated London News（1859–09–24）
《伦敦新闻画报》

英法联军在白河战败的消息传到香港后，引起一片哗然，英法两国民众都难以置信。英国在此次战役中伤亡惨重，从民众到媒体都传出要报复大清的呼声。英国政府虽然相对理智，但最终下定决心进行报复。法国虽然损失很小，但朝野反应的强烈程度却远远超出想象。法国很快结集军队，准备远征大清。

美国公使华若翰到达北京

Harper's Weekly（1859–12–10）
《哈泼周报》

　　1859年联军在大沽战役中败北后，咸丰皇帝恐事态扩大，令直隶总督恒福向英、法、美三国使节询问，是否还愿从北塘入口进京换约，美国公使华若翰立即表示同意。此时的咸丰需要美国公使给英法公使做个范例，希望他们回心转意，早早换约。但英法公使不予理睬，率舰队南下上海，准备调兵遣将与大清再战。

　　1859年7月20日，美国公使华若翰率随行共29人（其中有10名华人，为翻译、文书、厨师、仆役），从北塘登陆，在离天津20里的太仓乘船至通州，再改走旱路，于27日到达北京行馆。

　　7月27日，美国公使华若翰到达北京城。

华若翰一行进京

Harper's Weekly（1859–12–10）
《哈泼周报》

　　华若翰进京有两件事：一是递交国书，二是互换合约。美方提出亲自向皇帝递交国书，清政府方面要求觐见皇帝须行跪拜礼，而美方只同意用西方礼节入觐。8月10日，桂良在嘉兴寺公馆代收了国书，华若翰对不能将国书亲递皇帝表示遗憾。因《中美天津条约》中没有进京换约的规定，所有换约可以在天津或上海进行。8月11日，华若翰离开北京。8月16日，华若翰与直隶总督恒福在北塘互换了《中美天津条约》。

美国公使华若翰会晤清廷代表

Harper's Weekly（1859–12–10）
《哈泼周报》

1859年8月10日，美国公使华若翰在北京与清廷代表会晤。

1859年俄使进京

L'illustration Journal Universel（1859–09–24）

《环球画报》

    1859年6月，俄使伊格那提耶夫（N. P. Ignatieff）乘坐俄式马车来京。据1858年《中俄天津条约》，俄使可以进京。1859年5月14日，得咸丰帝批准，伊格那提耶夫6月4日入境，27日进入北京，入住俄国使馆。在整个第二次鸦片战争中，沙俄趁火打劫：一方面借着大清与英法联军开战，利用调解人的身份与大清谈条件，侵吞了大清大片北方领土；另一方面，利用英法联军的胜利，享受"一体均沾"给俄国带来的国家利益。

清军操练（一）

L'illustration Journal Universel（1859–12–03）
《环球画报》

　　此图是清军在燕子洼（Yan-che-wa音译）兵营里操练的场景。"骑兵们的马术技能很娴熟，能在马匹奔跑时翻上翻下，做倒立，或仅用嘴衔着马缰奔跑。他们也能在骑马奔跑时抛掷长矛，而且精准无比。图左后半部分可见清军在演习攀爬云梯。他们搭好云梯，爬上40英尺高的墙体。必须承认，这看上去完全是在训练消防队员。图右是清兵在练习射箭……所有的操练都是为与联军再度开战做准备……大清国是人口大国，人口总量相当于整个欧洲。在西方的压力下，大清国会做出调整，抛弃过时的战略战术；也会引进先进的热兵器，在发明和建设中更上一层楼。"（《环球画报》）

L'illustration Journal Universel（1859–12–03）

《环球画报》

这幅图也是清军在兵营里操练的场景。背景酷似北京景山。

英法联军远征大清

1859年6月，第二次大沽战役以英法联军惨败告终。9月，该消息传到欧洲，英法两国耿耿于怀，不肯善罢甘休。为了报复，他们决定再次组建联军，挺进北京，逼迫清廷就范。为此，英法开始为再次远征做准备。经过多次磋商，双方在人员配备方面决定：英方出兵约1.2万人，格兰特将军任总司令，额尔金伯爵任全权公使；法方出兵约7000人，蒙托邦将军任总司令，葛罗男爵任全权公使。由于季节关系，联军准备来年春天出征。

对英国人来说，香港的维多利亚港不适宜居住，因为石头山将南风挡在港岛外，夏天烈日当空，酷暑难耐。因此，多年来他们一直觊觎对面的九龙半岛。战事即开，英国人认为占领九龙半岛非常必要：其一，这里的开阔地适合军队扎营；其二，战争结束后，适合为英军建立兵营；其三，如英国不及早拿下，恐被法国占领。英国驻华公使卜鲁斯指令港督罗使臣（Hercules Robinson）负责此事。罗使臣则委派熟悉大清官员的驻广州领事巴夏礼向两广总督劳崇光申请租赁九龙半岛的一部分。劳崇光在英国军队压力之下，被迫与巴夏礼签订了协议，英以每年160英镑获得九龙半岛"永久"租赁权。1860年3月18日，英军第44团占据九龙半岛。

在如何对大清使用武力这个问题上，英法经过多次商讨，最后决定首先攻占舟山作为补给站，然后占领大连湾和烟台作为后方基地。最终目标是占领白河炮台，然后溯白河而上，经天津进入北京城。

英国远征军司令格兰特中将

Scottish National Portrait Gallery（苏格兰国家肖像美术馆）

　　格兰特（James Hope Grant）中将曾参加1840年第一次鸦片战争，获三等勋章（Companion, CB）；1845—1846年参加第一次英国锡克战争；1857年参加镇压印度起义；1858年，获爵级司令勋章（Knight/Dame Commander, KCB）；1860年任驻港英军司令，并出任英国远征军司令，战后获爵级大十字勋章（Knight/Dame Grand Cross, GCB）。

法国远征军总司令蒙托邦将军

L'illustration Journal Universel

（1859–12–03）

《环球画报》

Le Monde Illustré

（1860–11–03）

《世界画报》

    1859年11月13日，法皇拿破仑三世任命蒙托邦（Charles Cousin de Montauban）为对华远征军总司令，执掌陆军与海军。同时为他配备了两名副手：冉曼（Jamin）将军和科利诺（Collineau）将军。他任命冉曼出任远征军副总司令兼第一旅总指挥，科利诺任第二旅总指挥，施密茨（Schmitz）上校为远征军参谋长，本茨曼（Bentzmann）上校负责指挥炮兵部队，戴鲁莱（Dupré Déroulède）中校指挥工兵部队。

    对华远征前，蒙托邦将军提议带一个科学家和艺术家小组随军出征，深入大清内地收集历史与艺术文物，而这一提议未被批准。他还提议带一名摄影师同行，也被婉拒。此后，英法联军在大清的照片都是由英方随军摄影师费利斯·比托所摄。

法军炮兵上校本茨曼

L'illustration Journal Universel（1860–12–22）
《环球画报》

　　西伯德-让·本茨曼（Theobald-Jean de Bentzmann）上校在第二次鸦片战争中担任法军炮兵总指挥，在张家湾战役和八里桥战役中立下战功，他率领的炮兵部队击败了僧格林沁的清军主力。本茨曼战后被晋升为将军。

法军在法国土伦港登船远征大清

L'illustration Journal Universel（1859–12–10）

《环球画报》

　　土伦是位于法国南部瓦尔省的一个海港，远征军的人员和装备都经由此港运往大清国。法国远征军的军官和士兵，都经过严格的挑选。所有体弱者，统统被淘汰。当时被选中的大多是刚刚参加过意大利战役的老兵，组建的可谓精锐部队。这支作战部队包括2个步兵旅：第一旅由冉曼将军指挥，包括4个步兵营，第101步兵团、2个工兵连及1个工程排；第二旅由科利诺将军指挥，包括第102步兵团、第二海军陆战营、4个炮兵中队、1个连的架桥兵和1个排的引信兵。总兵力6700人，其中1600人为海军。法国远征军中没有专门的骑兵，只有一支50人左右的轻骑兵护卫队，负责保卫总司令和外交代表一行。

远征大清的法军所着军装：猎装

L'illustration Journal Universel（1859–11–26）
《环球画报》

　　"为这次远征，法军定制了专门的军服，借鉴了猎装的设计。非常适合当地的气候，比较宽松，使士兵们可以自如行动。裤子是防水帆布做的，而且保温。"（《环球画报》）

法军在塞纳建造远征大清的炮舰

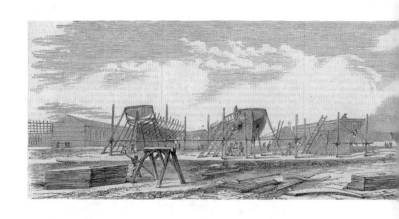

Le Monde Illustré

（1859–12–31）

《世界画报》

1859年11月，法国在南部海港城市塞纳建造远征大清的炮舰。塞纳曾是法国造船业的重镇。

法国海军部在给英国远征军海军司令贺布的发函中提到：法国组建了6700人的远征军，舰船包括4艘大型驱逐舰、6艘螺旋桨运输船、1艘运载物资的帆船，还有20艘吃水3英尺的炮舰。

派往大清的英军医疗船

The Illustrated London News

（1860–01–21）

《伦敦新闻画报》

1859年底，英国政府除了派"喜马拉雅号"（Himalaya）等大型舰只运送军队、武器弹药和后勤补给，还装备了两艘重达2000吨的医疗船，分别为"毛里求斯号"（Mauritius）和"墨尔本号"（Melbourne）。这两艘船由陆军医疗部部长及英军军官直接监造。

前往大清的英军医疗船

The Illustrated London News（1860–01–21）
《伦敦新闻画报》

　　1859年底，前往大清的英军医疗船。"船上有120个病床，另有20个医护人员的床位，每艘船上有5位外科医生。病床上都吊有一个盘子，伤病员可以随意将其拽到身边。床边还有带把手的绳子，方便伤病员自助翻身。床下有存放杂物的格子。医疗船设有通风口，天气不佳、舷窗无法打开时，可以从甲板上方开窗通气。外科手术室位于船中央，上方有一个很大的灯，保证手术时光线充足。手术台边配备了带轮子的木箱，用于摆放手术器械。船上还设置了面包房及史蒂文和面机，人们每天都能吃到新鲜面包。船上还有洗衣房、洗澡间等。"（《伦敦新闻画报》）

配备有阿姆斯特朗大炮的英舰"喜马拉雅号"前往大清

The Illustrated London News（1860–02–04）
《伦敦新闻画报》

　　1860年，英舰"喜马拉雅号"前往大清。"喜马拉雅号"原本是一艘商船，1854年7月被英国皇家海军以13万英镑征购，成为海军运兵船。

新式阿姆斯特朗大炮

The Popular Encyclopedia or Conversations Lexicon (1884)
《大众百科全书》

1859年，英军装备了新式阿姆斯特朗大炮。该炮是最早的后膛装填火炮之一。炮膛内侧刻有螺旋状的凹槽，可使炮弹在飞行中快速旋转。炮弹的铅涂层有效地密封了炮管和炮弹之间的间隙，减少了火药推进动能的浪费。改进后的阿姆斯特朗大炮比以前的火炮具有更高的精确度和更远的射程。

法军舰船前往大清

Le Monde Illustré（1860–02–11）
《世界画报》

1860年初，第一批运载军队前往大清的法国战舰，经过10天航行到达西班牙的海上驿站特内里费岛，并在那里补充淡水和食物。

蒙托邦将军一行抵达香港

Le Monde Illustré（1860–05–26）

《世界画报》

    1860年1月12日，蒙托邦将军率舰于马赛港出发，沿途经过马耳他、埃及、锡兰、新加坡等国，辗转一个多月后，于2月26日晚到达香港。途中听闻远征军工兵指挥官戴鲁莱中校在交趾支那战役中不幸身亡，此后，利韦上校接替了戴鲁莱的工作。蒙托邦将军处理完香港事务后，于3月12日抵达上海。英军总司令格兰特将军3月13日抵达香港，4月6日抵达上海。

两广总督劳崇光

The Illustrated London News
（1860–12–01）
《伦敦新闻画报》

劳崇光，1802年出生，咸丰年间曾任广西巡抚和广东巡抚，后任两广总督。

1860年，时任港督罗使臣接英驻华公使卜鲁斯通知，指令广州领事巴夏礼向劳崇光施压，租赁九龙半岛的一部分。1860年3月18日，英国以每年向清政府支付160英镑的条件占据了九龙半岛。

1861年1月25日，法国逼迫劳崇光签订合约，将原两广总督署旧址的42.66亩土地永远租给法国，用以建造天主教堂。后法国再强租教堂东南两面约17.69亩，前后两项租金合计每年13.5万英镑。

香港九龙湾，英法联军准备出兵北上

The Illustrated London News（1860–08–11）

《伦敦新闻画报》

从1860年3月开始，英国陆军格兰特将军就在香港集结英军准备北上。其中包括英国远征军2个师：第一师由米启尔少将指挥，下辖2个旅11个团，其中包括3个印度团；第二师由拿皮尔少将指挥，有2个野战炮兵中队和1个工程炮兵中队。

英军部队均由英国经埃及来华，配有新式的阿姆斯特朗大炮。3个炮队由克罗顿上校指挥。另有1个女王工兵连和1个骑兵队，由巴特尔上校指挥。

英军骑兵共有1340人，其中40名军官、400名英国士兵和900名印度士兵。英国骑兵队包括2个英国皇家龙骑兵队（King's Dragoon Guards）和2个印度锡克骑兵团（Probyn's Horse和Fane's Horse）。英军总数约1 2600人，其中1/3以上来自印度。

香港九龙的锡克骑兵团营地

The Illustrated London News（1860–10–06）

《伦敦新闻画报》

 九龙半岛上的大片沙滩，正好可让远航而来的印度骑兵团的马匹舒展腿脚。

 "图中标有两支骑兵部队，一支叫普罗宾骑兵团（Probyn's Horse），又称第一锡克骑兵团，包括17名军官、446个骑兵和433匹马。1860年8月3日、12日、14日，该骑兵团与清军的蒙古骑兵（僧格林沁部）在新河交战。蒙古骑兵配有弓箭手，锡克骑兵团配有长矛，双方交战激烈，最后锡克骑兵战胜蒙古骑兵。锡克骑兵团只有2名军官和4名士兵负伤，其中一位因伤势过重而亡。另一场战役是八里桥战役，该骑兵团发起冲锋，将清军赶至离北京只有6英里的地方。第二支骑兵部队叫费恩骑兵团（Fane's Horse）。费恩（Waller Fane）是英军驻印马德拉斯步兵团的少校，他在1860年组建了费恩骑兵团，人员大多从英军镇压印度兵变后解散的军人中征募而来，主要是锡克人和旁遮普邦的穆斯林。该骑兵团参与了1860年的大沽战役。"（《伦敦新闻画报》）

英法联军攻打舟山前在金塘集结

The Illustrated London News（1860–07–21）

《伦敦新闻画报》

由英国海军准将琼斯率领的英法联军舰队占领舟山前在金塘集结。下部图示（从左至右）分别为：

Tasmania：塔斯马尼亚号；Gamecock：斗鸡号；L'alarme：预警号；L'avalanche：雪崩号；Firm：弗姆号；Opossum：负鼠号；Roebuck：罗巴克号；Scout：侦察兵号；Imperieuse：称霸号；Grenada：格林纳达号；Adventure：探险号。

英法两国在1859年大沽战败后拒绝重启换约，同时拒绝在上海与清方重新谈判。1860年4月13日，两国的公使分别照会清方，对清政府一直未回复英法的要求提出抗议，并声称联军即将采取军事行动。4月14日，英法公使、蒙托邦将军、格兰特将军等人召开军事会议。经过3个小时的商讨，他们一致认为目前封锁直隶湾时机未到，最后决定立即占领舟山群岛。4月16日，两国公使又分别致函格兰特和蒙托邦，督促他们通过武力逼迫北京低头。4月18日，联军部队开赴舟山，第二天，停泊在指定集结地宁波金塘。

攻打舟山的英法联军

Le Monde Illustré（1860–07–28）
《世界画报》

　　1860年4月21日，联军在法国海军准将巴热和英国海军准将琼斯的指挥下，占领舟山。

联军占领舟山

Bibliothèque nationale de France（法国国家图书馆）

　　联军指挥官认为，舟山不仅地理位置理想，而且物产丰富，一旦开始征战大清北方，这里可以提供物资保障。1860年4月21日，英军舰队及随行的200名法国水兵到达舟山，他们并未遇到抵抗，迅即占领定海及舟山。

格兰特将军与驻华英军参谋部成员

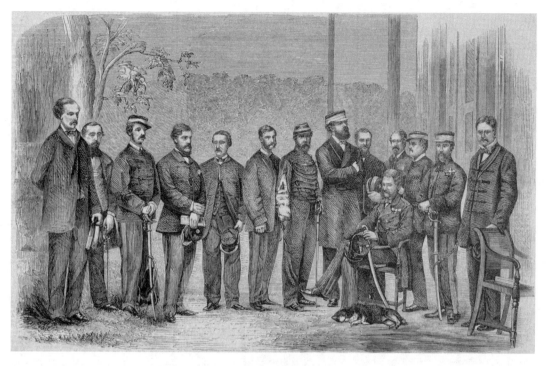

The Illustrated London News（1860–10–06）
《伦敦新闻画报》

　　1860年5月，英法两军首脑召开军事会议。会议商定下一步将占领大连湾和烟台，作为进军大沽及天津的基地；舟山则作为联军的供给兵站。此图是根据摄影师比托的照片绘制的。

英军锡克骑兵团在大连湾登陆

The Illustrated London News
（1860-10-13）
《伦敦新闻画报》

　　5月27日，首批英军抵达大连湾。大连湾是一个可以停泊多艘船只的良港，它面朝东南方向，南北海岸线约9海里，东西海岸线约13海里。入口处约12海里宽，周边有3个小岛，可有效阻遏海上风浪，利于舰船在恶劣天气中躲避。

英军第二师在大连湾驻扎

The Illustrated London News（1860–10–13）

《伦敦新闻画报》

下部图示（从左至右）为：

Madras Sappers：马德拉斯工兵营；3rd Buffs：第三步兵团；8th Punjaub Infantry：第八旁遮普步兵团；4th Brigade Staff：第四旅参谋部；Commissariat：军需部；Marines：海军陆战队；Sampson Peak：山姆森峰（注：大黑山）；Napier'Tents：英军拿皮尔将军的帐篷；67th Regiment：第六十七团；Coolie Corps 苦力辎重队；99th

K.　　　　　GENERAL SIR R. NAPIER'S TENTS.　　　　　　　C'TH REGIMENT.　　　COOLIE CORPS.　　99TH REGIMENT.

TALIEN-WAN.—FROM A SKETCH BY OUR SPECIAL ARTIST IN CHINA.

Regiment：第九十九团。

　　拿皮尔将军的帐篷设在半山腰的一个中心位置，从此处俯瞰山下，可将英军驻军情况尽收眼底。7月中旬，拿皮尔将军听说军需处无法给士兵提供新鲜蔬菜，于是派人在军营附近开设了一个集市。此后，士兵在集市上除了能买到新鲜蔬菜，还能买到家禽、鸡蛋、牛羊等。

登陆大连珍珠湾的英军

The Illustrated London News（1860–10–13）
《伦敦新闻画报》

1860年7月5日在大连湾登陆的英军。

英军司令格兰特1860年6月26日到达大连湾时，英军部队除了129名皇家龙骑兵，其他部队已分乘73艘军舰到达此地并安营扎寨。骑兵和炮兵驻守在靠近湾口东边的奥丁湾，北面横湾是拿皮尔将军率领的第二师，而米启尔将军率领的第一师驻守在西面的维多利亚湾（注：如同广州的炮台，此处也被赋予了西洋名称），运输的马匹则安置在米启尔将军营地附近。

英军购买鸡蛋和家禽

The Illustrated London News
（1860–10–13）
《伦敦新闻画报》

"1860年6月23日，联军出现食品紧缺，不得不上岸去向当地百姓购买家禽。军需官发现了一个小渔村，他向村民说明来意，但因为带来的翻译是南方人，无法与村民交流，所以采用了笔谈。村民们表现得很友好，于是军需官准备付钱购买他们的鸡蛋和家禽，当他把钱塞给村民时，村民却拒绝收钱，还帮忙把家禽和鸡蛋送到英军船上，而英军的随行人员却坐在岸边的石头上吃海蛎子。"（《伦敦新闻画报》）

"英军6月底在大连湾集结时，一开始的伙食是腌牛肉、腌猪肉和柠檬汁，7月7日起就开始获得当地居民供应的新鲜食物，尤其是羊只。英军医官将此归功于他们以严厉措施禁止士兵劫掠，并且出好的价钱向居民购买食物，而成功建立起当地居民对英军的信任。在英国军医眼中，食物供给的后勤工作取得中国居民的合作，有相当程度的重要性。例如，登陆初期三十一军团出现多起严重腹泻的病例，但后来发病人数大幅减少。军医认为这样的改善是改吃新鲜食物所带来的。"[1]

---

[1] 李尚仁：《英法联军之役中的英国军事医疗》，载《"中央研究院"历史语言研究所集刊》，2011年第3期，第533—575页。

驻扎在大连湾的英军（一）

The Illustrated London News（1860–10–27）《伦敦新闻画报》

此图是据比托的照片绘制，下部图示（从左至右）分别为：

3rd Buffs：第三步兵团；
99th Regiment：第九十九团；
Fane's and Probyn's Horse：费恩和普罗宾骑兵团；
19th Punjaubees：第十九旁遮普步兵团；
Odin Bay：奥丁湾。

1860年，英军入驻大连湾时未遇到任何抵抗，如入无人之境。

驻扎在大连湾的英军（二）

The Illustrated London News（1860–10–27）《伦敦新闻画报》

此图也是据比托的照片绘制，下部图示（从左至右）分别为：

"Opossum" and "Woodcock" Gun-Boats："负鼠号"和"山鹬号"炮舰；
H. M. S. "Aden"："阿登号"炮舰；
Commissariat Tents：军需部的帐篷；
1st King's Dragoon Guards：第一皇家龙骑兵团。

"为了通信方便，英军总司令及参谋部都留宿在停泊于维多利亚港湾的船上。每天早上，一艘小火轮便离开维多利亚港，来往于各个海湾之间，收发各类邮件，并将英军总司令的指令传达到各个营地和舰船。在大连湾附近的山上，记者用望远镜能看到约200艘船，有60艘船悬挂英国旗帜，另外有运兵船128艘、特派船16艘、医疗船和运输船共7艘。"（《伦敦新闻画报》）

法军在烟台登陆

L'illustration Journal Universel（1860–09–08）

《环球画报》

1860年6月8日，法国5000步兵和1000炮兵登陆烟台（旧称芝罘）。首批登陆部队一上岸，便高呼"法皇万岁"。

L'illustration Journal Universel（1860–09–22）

《环球画报》

1860年6月，法军在烟台登陆。法军选择烟台作为中转站的原因有二：其一，烟台距大沽约为200海里，西南季风盛行期间，在海岸的保护下，船只航行可免遇风险；其二，港湾内的抛锚泊船区足够停靠吃水深的大型舰船。

烟台附近修筑了
防护墙的村庄入口

Le Monde Illustré
（1860–10–13）
《世界画报》

法军登陆烟台后，在附近一个村庄安营扎寨。起初法国士兵侵占民房、强掳食物，很快遭到了法军军方惩处。当地商贩在法军营地附近建立了集市，兜售新鲜水果和肉禽鱼蛋，虽然语言不通，但他们凭手势就能买卖。集市每天从早上5点开放到下午5点，昼夜有法军宪兵监护。

在烟台的法军
第102步兵旅营地

Le Monde Illustré
（1860–10–13）
《世界画报》

驻扎烟台的法军有2个步兵旅，第一旅由冉曼将军指挥，包括第101步兵团、4个步兵营、2个工兵连及1个工程排；第二旅由科利诺将军指挥，包括第102步兵团、4个步兵营、1个海军陆战营、4个炮兵中队、1个连的架桥工兵和1个排的引信兵。

法军第102步兵团
在烟台建立营地

Bibliothèque nationale de
France

（法国国家图书馆）

法军中的第102步兵团是此次远征的主战步兵团之一，由奥马莱（O'Malley）上校指挥。

蒙托邦将军抵达
烟台

Bibliothèque nationale de
France

（法国国家图书馆）

1860年7月6日，蒙托邦将军到达烟台后参观了法军营地的大清集市，还去视察了法军医院。当时法军医院收治了64个病人，其中28人染上了花柳病。

法军在烟台的指挥部

L'illustration Journal Universel（1860–09–22）

《环球画报》

　　法军在烟台的指挥部，周围有庙宇和戏台。"联军选择了两个地点作为他们的临时基地，英军占领直隶湾北部的大连湾，法军占领直隶湾南部的烟台。目前，联军在这两个地方积极备战。烟台的地理位置易守难攻，法军只需几个连队的士兵就能够抵挡敌人的进攻。附近见不到一个清军士兵，只有大清农夫，他们正准备将农产品卖给法军。起初他们还有些畏惧，但很快就消除了疑虑。今天，驻扎在烟台的法军的所有后勤补给都是由当地农夫提供的。"（《环球画报》）

蒙托邦在烟台营地的简易住所

L'illustration Journal Universel（1860–09–22）
《环球画报》

1860年7月，蒙托邦将军到达烟台后，视察医院，了解军队的驻扎和各部门的运转情况。冉曼将军为蒙托邦和他的参谋准备了简易住所，有两个士兵守卫。

烟台法军营地全貌

Le Monde Illustré（1860–10–20）

《世界画报》

　　1860年夏，烟台。法国军医卡斯塔诺对法军营地做了这样的描写："所有步兵和炮兵部队几乎全在平原上安营扎寨；各营轻步兵安置在形成半岛的丘陵地带（后取名莫纳山）；司令部设在位于海岸制高点的一座寺庙里，整个营地尽收眼底。后勤管

理仓库及办公室建在海滩附近，便于军需物资装卸。"[1]

---

[1] 布立赛：《1860：圆明园大劫难》，高发明、丽泉、李鸿飞译，浙江古籍出版社，2005年，第87页。

法军在烟台的部署图

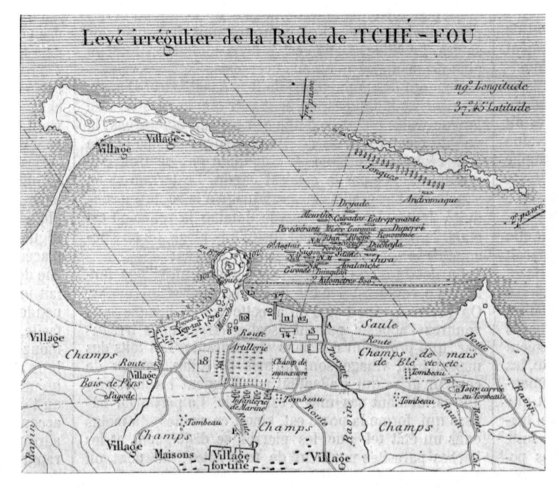

Le Monde Illustré（1860–10–13）

《世界画报》

1860年夏，法军在烟台的部署图。

局部放大图

图示1—18：

1.Maison du général Jamin：冉曼将军住地；

2.Fortin：防御工事；

3.Maison du général Collineau：科利诺将军住地；

4.Campement des coolis：苦力居住区；

5.Maison du général Montauban：蒙托邦将军住地；

6.Magasins des regiments：军需仓库；

7.Hopital：医院；

8.Campement de spahis et de chasseurs a'Afrique：法军北非骑兵营地；

9.Campement de la gendarmerie：宪兵营地；

10.Ouvriers d'administration, fours, ete.：后勤；

11.Endroit ou l'on monte les canonniéres：火炮组装场；

12.Dépôt de poudres：弹药库；

13.Cimetière français：法军墓地；

14.Fourrages：草料场；

15.Direction du port：港口方向；

16.Pont debarcadere：栈桥；

17.Point de débarquement：码头区；

18.Pare d'artillerie：炮阵。

　　　　　　　　　　第二部　天津：船坚炮利

陆地上其他图示：

Village：村庄；

Champs：田野；

Route：道路；

Bois de pins：松林；

Pagode：塔；

2B：法军第二旅；

101：法军101团；

102：法军102团；

Tombeau：墓地；

Maisons：宅院；

Village fortiffé：有防御工事的村庄；

Infantère de Marine：海军陆战队；

Champ de manœuvre：操练场；

Artillerie：炮群；

Saule：垂柳；

Champs de maïs de blé etc.：玉米地等；

Tour carree ou tombeau：方形塔楼或坟墓；

Ravin：沟壑。

图示（左上）：

119 Longitude：经度119；

37.45 Latitude：纬度37.45；

Jonques：平底帆船；

Andromaque，Dryade……：停在烟台海湾里的几十艘法舰。

法军在烟台营地的海滩组装战舰

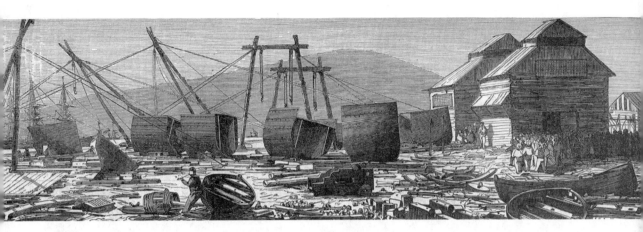

Le Monde Illustré（1860–10–20）
《世界画报》

　　1860年夏，在烟台的法军建立了炮兵和工兵仓库，同时组装了战舰。炮兵在这里装运炮弹，做引信，给运炮车重新喷漆。

法军在烟台的营地组装战舰

Bibliothèque nationale de France（法国国家图书馆）

　　为了节省运输燃料，法军将船体分期分批运往大清，然后重组成船。此图展现的是1860年夏法军在海军工程师比奈梅指导下组装炮舰的场景。营地里随时都能听到铁锤打击钢板的声音。

英法联军登陆北塘

为了避免1859年大沽败局重演，1860年7月30日，英法联军出动军舰30余艘，运载5000名士兵在天津北塘附近登陆。从1859年9月起，清政府从各方汇总的情报都显示，联军如若来犯，定由北塘登陆：9月，先有山西道御史陈鸿翙奏称，英军可能佯攻大沽，实由北塘登陆，请以营城防兵移至北塘；12月，钦差大臣两江总督何桂清再次报告，探闻英军轮船在海河一带测量，发现距海河不远处有一河口，英军将从此处登陆，直抵白河炮台之后。闻报后，咸丰帝命僧格林沁在海口封冻后亲往北塘勘察布防，还令他"严防炮台后路，勿令该夷抄截，以豫（预）杜其窥伺之心"[1]。

这些汇总的情报和咸丰帝的圣谕，最终没能改变僧格林沁的排兵布阵，对于情报和圣谕中多次提到的北塘，他决心放弃不守，还三次上奏说明其理由："（一）北塘北岸炮台地势太低，一遇潮水，营外四处皆水。（二）北塘南岸炮台紧靠村庄，一旦开战，炮火延及村庄，数千户村民势必大乱，即使炮台能战，然兵民交惊，也万难守御。（三）为防敌占据北塘，其炮台下埋设地雷，又挖地道，装填火药，以行火攻。若敌方在北塘登岸，将以营城、新河等处驻军南北夹攻。"为此他向咸丰帝报告："惟北塘地方断难守御，虽拟舍而不守，诱令深入，以便兜击。"[2]

---

[1] 齐思和等：《中国近代史资料丛刊：第二次鸦片战争（四）》，上海人民出版社，1978年，第305页。

[2] 齐思和等：《中国近代史资料丛刊：第二次鸦片战争（四）》，上海人民出版社，1978年，第344页。

由于僧格林沁的误判，清军在北塘除了埋设一部分地雷，并无重兵防备，给了英法联军可乘之机。1860年8月12日，登陆联军2000人前往大沽，途中与清军遭遇。清军不敌溃退，联军随后迅速占领新河。8月14日，联军进攻塘沽炮台，轻而易举将其拿下。

英军步兵团和骑兵团乘舰从大连湾出发挺进北塘

The Illustrated London News（1860–10–13）
《伦敦新闻画报》

1860年7月26日，英军登船起航，前往北塘。英军军官吴士礼（Garnet Joseh Wolseley）感叹道："比我军舰队挺进北塘更雄壮的情景，连我也记不得可曾见过。"[1]

---

[1]　布立赛：《1860：圆明园大劫难》，高发明、丽泉、李鸿飞译，浙江古籍出版社，2005年，第95页。

英舰运载费恩骑兵团前往北塘

The Illustrated London News（1860–10–27）

《伦敦新闻画报》

1860年7月26日，英军的"哈沃克号"（Havoc）炮舰运载费恩骑兵团前往天津北塘。此时在北塘集结的联军中，有英军1.1万人，法军6700人。

法军海军舰队司令沙内

Le Monde Illustré（1860–11–03）

《世界画报》

　　法军海军舰队司令沙内（Lénoard Victor Joseph Charner）曾参加1854年的克里米亚战争，因在著名的塞瓦斯托波尔（Sevastopol）战役中军功显赫，1860年被任命为法国远征军海军舰队司令。

英军拿皮尔将军

Bibliothèque nationale de France（法国国家图书馆）

拿皮尔（Robert Napier）将军，1810年出生，曾任工兵军官，参加过第一次和第二次锡克战争，以及1858年印度平叛。在第二次鸦片战争中，拿皮尔指挥英国远征军第二师攻打大沽，1860年10月，参与焚毁圆明园。1867年拿氏领军参加埃塞俄比亚战争，后被封为英国陆军元帅。

法军舰队从烟台前往北塘

L'illustration Journal Universel（1860–10–13）

《环球画报》

　　最初法军的登陆地点定在白河炮台南部，经过几次侦察，蒙托邦将军得出结论：不宜在炮台监控内的直隶湾登陆。1860年7月，蒙托邦、格兰特、贺布、沙内在烟台召开军事会议，共同确定英法联军在直隶湾的集结地点：两军将于28日在沙流甸内侧集结，然后寻机在北塘登陆。

　　经过48小时航行，法军舰队在沙内指挥下于28日早上到达直隶湾，停在距北塘航道12英里处。英军舰队于28日晚间到达。

英法联军北塘军事行动图

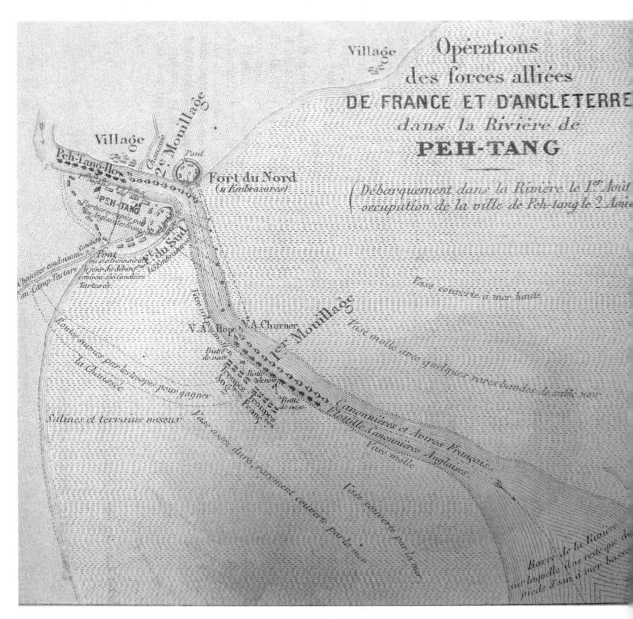

L'illustration Journal Universel（1860–10–27）

《环球画报》

图中所示"V. A. Charner"即法军海军司令沙内率领的法国舰队,"V. A. Hope"即英国海军司令贺布率领的英国舰队。

图示(右上):

Opérations des forces alliées de France et D'angleterre dans la riviére de Peh-Tang:英法联军在北塘的军事行动;

Débarquement dans la Riviére le 1er Août occupation de la ville de Peh-tang le 2 Août:8月2日占领北塘。

主要图示(左上至右下)[1]:

Peh-Tang-Ho:北塘河;

Peh-Tang:北塘;

2e. Mouillage:第二抛锚地;

Fort du Nord:北炮台;

Fort du Sud:南炮台;

Troupes Ang:英军;

Troupes Franç:法军;

1er. Mouillage:第一抛锚地;

Vase molle……de sable:淤泥和沙滩;

Canonniéres et Avires Français:法国炮艇和船舶;

Flottille Canonniéres Anglaises:英国炮艇;

Vase molle:淤泥。

---

[1] 注:部分文字不清。

天津北塘河口处的清军炮台

The Illustrated London News（1860–11–03）
《伦敦新闻画报》

　　1859年联军大沽战败后，贺布吸取教训，打报告给英国海军部，建议如再攻大沽，北塘是最佳登陆地点。一来清军在那里防卫弱、枪炮少；二来，那里水深，适合停泊舰船，也适合大规模扎营，并且方便装卸物资。

北塘地形图

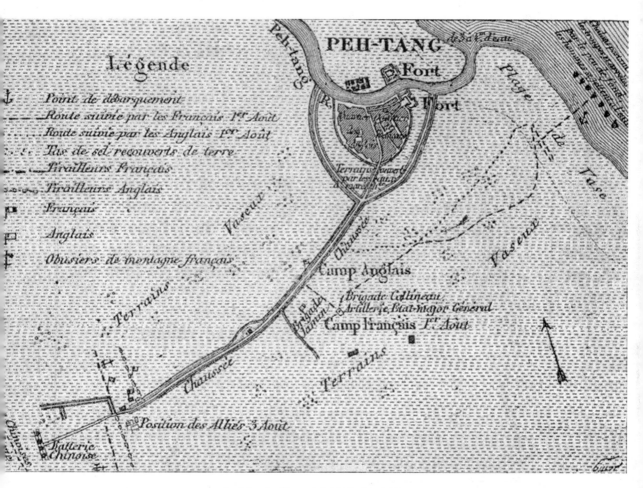

Le Monde Illustré（1860–11–10）

《世界画报》

法军科利诺将军的部队驻扎于此。

图示（左上）：

Point de débarquement：登陆点；

Route suivie par les Français 1er Août：法军 8 月 1 日行进路线；

Route suivie par les Anglais 1er Août：英军 8 月 1 日行进路线；

Tas de sel pecouverts de terre：盐碱地；

Tirailleurs Anglais：英军步兵；

Français：法军；

Anglais：英军；

Obusiers de montagne français：法国山地榴弹炮。

图示（右上至左下）：

Peh-Tang：北塘；

Plage de vase：泥滩；

Terrains vaseux：淤泥地；

Chaussée：道路；

Camp Anglais：英军营地；

Brigade Collineau Artillerie Etat major Général：科利诺旅炮兵总部；

Brigade Jamin：冉曼旅；

Camp Français 1er Août：8 月 1 日法军营地；

Position des Allies 3 Août：8 月 3 日联军位置；

Batterie Chinoise：清军炮阵；

Lignes Chinoises Cavalerie：清军骑兵防线。

蒙托邦观察清军阵地

L'Expédition de Chine en 1860. Souvenirs du général Cousin de Montauban, comte de Palikao
《1860年中国远征记：八里桥伯爵蒙托邦将军回忆录》

1860年8月1日，蒙托邦在北塘用望远镜观察清军阵地。此画是英国军官亨利·克里洛克的素描。根据蒙托邦的观察，针对北塘的淤泥地，他提出在淤泥地上架设桥梁，还要考虑马匹在桥上能否行进。

联军炮舰进入北塘河口

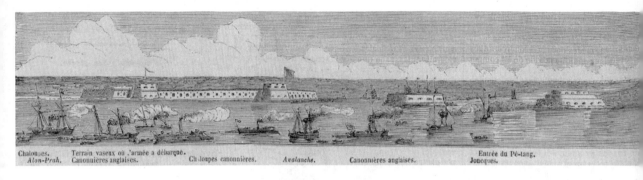

Le Monde Illustré（1860–11–10）
《世界画报》

上排图示（从左至右）：

Chaloupes：划艇；

Terrain vaseux où 'armée a débarqué：联军登陆的泥滩；

Entrée du Pé-tang：北塘入口。

下排图示（从左至右）：

Alon-Prah：阿隆普拉（号）；

Canonniéres anglaises：英国炮艇；

Chaloupes canonniéres：炮艇；

Avalanche：雪崩（号）；

Canonniéres anglaises：英国炮艇；

Joncques（疑误，应为 Jonques）：平底帆船。

　　1860年7月28日，英法舰队会师后停在了距离北塘20海里处。同时停在附近的还有4艘俄国舰船和2艘美国舰船，船上都悬挂着各自的国旗，表示舰船上有两国公使。7月29—30日，联军部署登陆计划，由于风向问题，最后决定8月1日实施登陆。图中便是登陆当日舰船驶入北塘河口的场景。

英军在天津北塘登陆

The Illustrated London News（1860–11–03）《伦敦新闻画报》

　　"1860年8月1日，英军第一师第二旅作为第一支登陆部队，准备好在10点登陆天津北塘。英军的海军司令乘坐'科洛曼德号'带头进入北塘河口，英军炮艇拖着小型运兵船排成一条直线紧随其后。同样，法军海军司令也乘船领航，后面跟着法军炮舰及拖带的运兵船和缴获的大清沙船。英法两军舰队并排向北塘行驶。由远及近，我们渐渐看到了白河口的炮台，炮台上飘着清军的旗帜，还能隐约看到炮台上的人影。'科洛曼德号'停在离炮台2000码的地方，炮艇也都在此地停下。我们能看到2英里外的一排清军骑兵。清军的炮台口都关闭着，无声无息。此刻，联军司令下令登陆。联军士兵提着袜子和鞋，蹚过1英里长的浅滩。到达陆地后，他们集结成队。我们左翼的法军最先登陆。清军骑兵已经消失不见。此时，英军总司令在离北塘城门近在咫尺的地方安营扎寨。我们的特派画师和记者在北塘登陆地点发现联军、苦力、印度骑兵、马、骡子等四处混杂，一片乱象。人们穿戴着五颜六色的衣帽，说着各种语言。各种类型的船停泊于此地。人喊马嘶，混乱不堪。"（《伦敦新闻画报》）

法军登陆北塘

Bibliothèque nationale de France（法国国家图书馆）

1860年8月1日，风平浪静，很适合登陆。当日，法军用吃水不足7英尺的小型炮舰将2000名士兵、一个炮兵连、一个山炮兵连、一排工兵、一排救护人员，以及200名苦力运到岸边。

葛罗男爵在"杜舍拉号"战舰上观察当时登陆的场面。根据他的描述，士兵们排成长龙沿舷梯而下，登上小艇，每个士兵带有6天的口粮，包括一份熟肉，还有葡萄酒和咖啡。

英法联军在北塘登陆

L'illustration Journal Universe（1860–10–27）《环球画报》

1860年8月初，联军登陆过程中，当炮舰吃水不足时，只能抛锚停下。所有官兵和物资都靠接驳船、桨划艇和小船来运送。

联军的炮艇拖着小型运兵船准备登陆北塘河口

Le Monde Illustré（1860–11–03）《世界画报》

联军整个登陆行动从1860年8月1日开始，一直持续到8月10日才基本完毕。当时，清军统帅僧格林沁曾从英法媒体上得知联军将在北塘登陆然后背抄大沽炮台的消息，但他认为这不过是对方兵不厌诈的雕虫小技，并不相信。所以，清军在北塘未设重防，联军整个登陆过程没有遇到清军的阻击。

天津北塘的英法联军

The Illustrated London News（1860–11–03）《伦敦新闻画报》

　　"旁遮普街（英军命名）是北塘的主街，从河岸横穿整个北塘镇。街的右边是第十五旁遮普步兵团，左边是法军。50多名大清苦力用竹扁担挑着辎重穿梭于主街（法军命名）上，时不时还有皇家炮兵拉着大炮穿街而过，此时士兵们赶紧让路。图中间一位士兵正在悬挂一面旗帜，旗帜上标有'第十五旁遮普步兵团司令部及饭堂'。司令部及饭堂实际上就是一个院子，常有30或40人在此聚餐，就餐者边吃边唱。很难想象两天后这些士兵会带着4天的干粮夜宿在野地里。

　　"联军的作战计划是在北塘河口登陆，然后从此地前往大沽炮台。之前联军对白河口从南到北20英里做了详细的勘测，发现北塘是最合适的登陆地点。另外，北塘河口水比较深，重吨位的船只也能停泊。它还有码头，可装卸军用物资。正好8月份的第一周是这里全年水位最高的时段，此刻登陆时机最佳。北塘河口两岸有2个土炮台，北边炮台有11门炮，南边有13门炮，联军并未遭到任何抵抗就占领了2个炮台。南炮台的后面便是沿河而建的北塘镇。"（《伦敦新闻画报》）

驻扎在天津北塘的英军第十五旁遮普步兵团

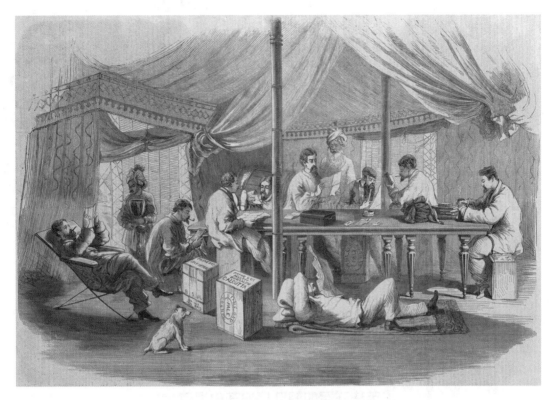

The Illustrated London News（1860–10–27）

《伦敦新闻画报》

英国在海外战争中经常利用外裔兵团，第十五旁遮普步兵团就是由印度锡克士兵组成的。锡克士兵在外裔兵团中骁勇善战，小有名气。

该图描绘了1860年8月北塘第十五旁遮普步兵团帐篷内的情景。官兵有的在读书，有的在读信，还有的在看报纸，旁边是服侍他们的印度仆人。帐篷里摆着几箱来自加尔各答的啤酒，可见英军的后勤保障工作很细致。

英军费恩骑兵团中的英国军官和锡克军官

The Illustrated London News（1860-12-15）
《伦敦新闻画报》

《泰晤士报》记者谈到1860年8月在大清国的锡克士兵时说："锡克士兵没有种姓或种族的歧视，不挑剔食物。他们刻苦耐劳，而且精神抖擞。锡克士兵很容易适应大清国的气候。如果管理得当，他们不会肆无忌惮地抢劫。他们的表现一直为人称道，他们最适合站岗放哨。法军有斯帕希（Spahis）士兵，俄军有哥萨克（Cossacks）士兵，而锡克（Sikhs）士兵远胜于他们。"（《伦敦新闻画报》）事实上，锡克士兵在广州城战役和北方的战役中，肆无忌惮，劫掠无羁。

英法联军的舰队停泊在白河口

Le Monde Illustré（1860-10-27）《世界画报》

英法两军的主帅于1860年8月19—20日在船上会晤，商定部署攻打大沽炮台的行动计划。图中是开战前白河口停泊的联军舰队。

英法联军在直隶湾部署活动图

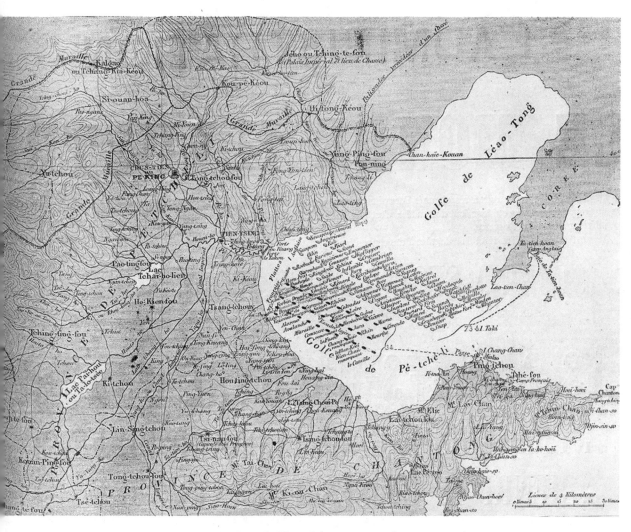

Le Monde Illustré（1860–10–27）

《世界画报》

从地图上的标注可见，1860年8月，联军在直隶湾部署了34艘法舰（驶自烟台）和73艘英舰（驶自大连）。

英法联军直隶湾军事行动图

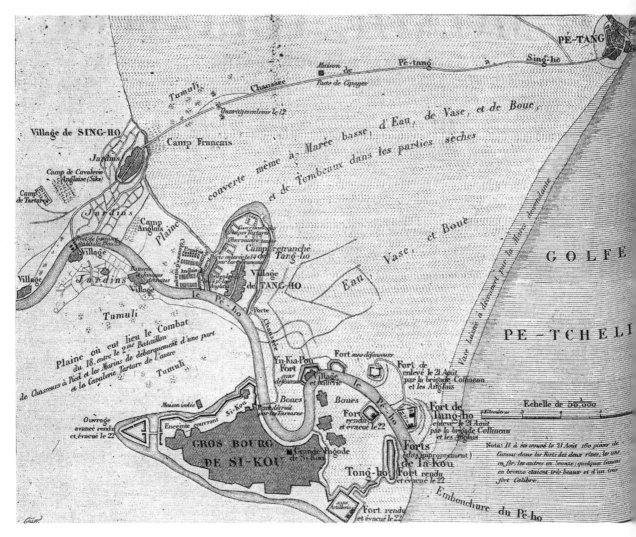

Le Monde Illustré（1860–11–10）

《世界画报》

　　1860年8月3日，联军组建了一支规模庞大的侦察部队，包括1000名法国步兵、1000名英军步兵、两个野战榴弹炮连及一个工兵连，由科利诺将军全权指挥。在大部队到来前，侦察部队需要全方位了解战场的形势及清军具体的防御措施。

图示（北塘—新河段）：

Pé-Tang：北塘；

Chaussée de Pé-Tang à Sing-ho：从北塘到新河的马路/车行道/堤道/河堤；

Maison：宅院；

Paste de Cipayes：印度兵（即锡克士兵）警卫队；

Tumuli：墓地；

Camp Français：法军营地；

Village de Sing-Ho：新河村；

Jardins：农田；

Camp de Cavalerie Anglaise（Siks）：英军锡克骑兵营地；

Camp de Tartares：鞑靼军营。

图示（新河—塘沽段）：

Camp Anglais：英军营地；

Plaine couverte meme à Marée basse, d'Eau, de Vase, et de Boue et de Tombeaux dans les parties seches：退潮时被潮水和淤泥覆盖的区域，干燥的高地有墓地；

Camp retranché de Tang-ho：塘沽带防御工事的营地；

Batteries Français Anglais：联军炮兵；

Colonnes d'attaque：攻击纵队；

Observatoire tentes：观察所；

Porte enlevée le 14 par leas Français：14日被法军拆除的城门；

Porte enlevée le 14 par leas Anglais：14日被英军拆除的城门；

Village de Tang-Ho：塘沽；

Batterie et Jonques détruites：大炮和被摧毁的帆船；

Jardins：农田；

Village：村庄；

Plaine où eut lieu le Combat（du 18, entre le 2me Bataillon de Chasseurs à Pied et les Marins de débarquement d'une part et la Cavalerie Tartare de l'autre）：战场（18日，登陆的海军陆战队第二营在此地与清军骑兵展开战斗）。

图示（塘沽—于家堡段）：

Yu-Kia-Pou Fort：于家堡炮台；

Boues：淤泥；

Pont détruite par les Tartares：被清兵摧毁的桥梁；

Enceinte couvrant Si-Kou：筑有围墙的西沽；

Ouvrage avaneé rendu et évaccé le 22：（清军）于22日撤离；

Gros bourg de Si-Kou：西沽。

图示（于家堡—大沽口段）：

Village le Pé-ho et batterie：白河村及火炮；

Fort（sans défenseues）：炮台（弃守）；

Fort（de enlevé le 21 Août par la brigade Collineau et les Anglais）：炮台（8月21日被科利诺旅和英军占

领）；

Fort de Tang-ho（enlevé le 21 Août par la brigade Collineau et les Anglais）：北炮台（8月21日被科利诺旅和英军占领）；

Forts de Ta-Kou：大沽炮台；

Tong-ho Fort（rendu et évacué le 22）：南炮台（22日清军投降并撤离）；

Fort（rendu et évacué le 22）：堡垒/炮台（22日清军投降并撤离）；

Sans Artillerie：无炮兵。

图示（大沽口—北塘段）：

Vase laissée à découvert par la Marée descendante：落潮后露出的淤泥。

图示（北直隶湾）：

Golfe Pe-Tcheli：北直隶海湾；

Embouchure du Pé-ho：白河入口[1]。

---

[1]　编者注：白河口即大沽口。真正的白河应为北运河，由于英国人错误地将白河和海河一起标注为"白河"，故海河出海口"大沽口"被英国人标成了"白河口"。

第三次大沽战役

　　1860年8月10日，英法联军北塘登陆基本结束。北塘并不宜聚集如此众多的官兵，蒙托邦将军认为不能浪费时间，须立即向天津挺进。在塘沽，科利诺将军指挥的侦察队发现了一个清军兵营。根据另外的报告，北塘天气恶劣，联军即刻开拔并不现实。

　　经格兰特将军同意，蒙托邦将军决定12日离开北塘，进攻塘沽的清军骑兵营。8月12日，联军侦察队与清军骑兵开战。起初，清军表现得非常勇敢，但在联军密集的炮击和排射下，清军最终弃营而去。14日，联军攻击塘沽炮台。虽然清军炮台火力密集，但是大炮的准确率很低，杀伤力也不大。很快，法军就登上了炮台。蒙托邦本想乘胜追击，去占领离该炮台不远的新河炮台，而格兰特却以军队还未吃饭为由回绝了。此后，联军休整了几日。

　　联军在新河、塘沽的战斗，截断了大沽北炮台清军的退路，清军的软肋暴露无遗。僧格林沁此时乱了手脚，他在塘沽战败当日上奏称："现在南北两岸，惟有竭力支持，能否扼守，实无把握。"[1]此时咸丰帝一方面谕令僧格林沁："天下根本，不在海口，实在京师。若稍有挫失，总须带兵退守津郡，设法迎头自北而南截剿，万不可寄身命于炮台，切要！切要！以国家倚赖之身，与丑夷拼命，太不值矣！"[2]另一方面，咸丰帝又命令恒福照会英法，要求息兵停战。对磨刀霍霍、一心雪耻的联军来说，这一要求是无法接受的。额尔金和葛罗在复照中宣称："在占领大沽炮台和天

---

[1]　蒋孟引：《第二次鸦片战争》，生活·读书·新知三联书店，2009年，第199页。

[2]　蒋孟引：《第二次鸦片战争》，生活·读书·新知三联书店，2009年，第199页。

津以前决不停止干戈。"[1]

1860年8月21日，科利诺将军率领法军102步兵团和炮兵向大沽炮台发起进攻。清晨6点，法军首先向大沽炮台开火，英军也出动47门大炮，集中火力轰击炮台。与此同时，英法联军的炮舰为了牵制清军，越过白河沙洲，向下游的炮台轰击。联军的一门炮弹击中了清军炮台的火药库，炮台被炸开一个缺口。此后联军越过沟渠和竹尖桩障碍，开始攻击防御工事的正前方。工兵搭设攀梯，士兵随后跟上。英军中尉罗伯特·罗杰斯第一个冲入堡垒，紧随其后的是士官约翰·麦克杜格尔。两人后被授予维多利亚十字勋章。接下来，两军展开了一场血肉横飞的肉搏战。清军抵抗长达三个半小时。战斗中，英军14人阵亡，1名鼓手和46名英军士兵受伤，法军伤亡158人。守护炮台的新任直隶提督乐善和大部分守军阵亡，炮台陷落。

僧格林沁的误判及他的错误的战略战术，直接导致了清军的速败。1859年在白河败北的英法联军，此次远征大清，不仅兵力强大，而且有备而来。僧王部署的白河后防营城、新河军营等，在8月21日前便被联军的特遣队——占领。当时清军安置在大沽炮台的火炮面向白河的居多，炮台后部防守薄弱。联军采用陆路进攻为主的战术，从大沽炮台后部包抄，使得清军难以招架。清军设置的陆路、水路屏障，也被英法工兵接连扫除。此次战役，联军工兵一路架设浮桥，使得大炮等重型武器得以通过泥滩和深沟，这也为联军取胜加了分。清军指挥层欠缺应急方案，一旦主将阵亡，群龙无首，军队士气迅即低迷，或弃炮台而去，或缴械投降。

史家茅海建对僧格林沁的战法亦有解读："尽管战后清朝许多人士指责僧格林沁刚愎自用，不守北塘，可北塘即使设守，也挡不住英法联军的海陆联合攻势，更何况其也有从别处登陆的计划。僧格林沁的真错误，在于低估了英法联军的陆战能力，自以为手中的马步精锐可与失去'船坚炮利'的英法陆军一拼。他的这种勇气自然可嘉，但这种勇气指导下的战法，却完全不足取。"[2]

---

[1] 夏笠：《第二次鸦片战争史》，上海书店出版社，2007年，第410页。
[2] 茅海建：《近代的尺度：两次鸦片战争军事与外交》，上海三联书店，1998年，第374页。

清军兵营的守军

Brown University Library（布朗大学图书馆）

　　该图由英国战地画师兼记者查尔斯·沃格曼所绘，图中标有"第一座兵营，1860年8月12日"字样。1860年8月12日，联军离开北塘向新河进发，途中遇到清军兵营，两军迅即交火。清军死伤逾百，最终不敌撤走。联军仅有两名锡克士兵阵亡。图中可见清军士兵使用老式抬枪坚守阵地。

白河口（大沽口）全景

Panorama des forts défendant l'entrée de Peï-ho.

Fort du Sud. (Rendu le 21 août au soir.)   Entrée de la rivière de Peï-ho.   Fort du Nord. (Rendu le 21 août.)   Fort en a (Pris d'assa

L'illustration Journal Universel（1860–11–24）
《环球画报》

上排图示（中）：

Panorama des forts défendant l'entrée de Pei-ho：白河口（大沽口）炮台全景图。

下排图示（从左至右）：

Fort du Sud.（Rendu le 21 août. au soir）：南炮台（联军8月21日傍晚到达）；

Entrée da la riviére de Pei-ho：白河口（大沽口）；

Fort du Nord.（Rendu le 21 août.）：北炮台（联军8月21日到达）；

Fort en arriére.（Pris d'assaut le 21.）：（北炮台）后面的炮台（21日被联军占领）。

联军工兵在白河上搭建浮桥

Le Monde Illustré（1860–11–10）
《世界画报》

1860年8月20日，联军进攻白河炮台前，工兵在白河上搭建浮桥。

Bibliothèque nationale de France
（法国国家图书馆）

两军在新河休整期间，蒙托邦建议下一步占领白河北岸炮台。他认为北岸主炮台是左右两岸炮台中装备最好的，为了吸取1859年白河战役失败的教训，他认为先拿下该炮台意义重大。考虑到以上因素，格兰特同意了蒙托邦的建议，并提出两军在白河上共同架设浮桥，各承担一半的任务。图中反映的便是联军工兵在纵横交错的河渠上搭设浮桥的场景。法军为了保证架设任务顺利完成，派工兵上校利韦担任指挥，用舢板将2个工兵排和200名海军陆战队士兵运到白河北岸。

Le Monde Illustré（1860–11–10）《世界画报》

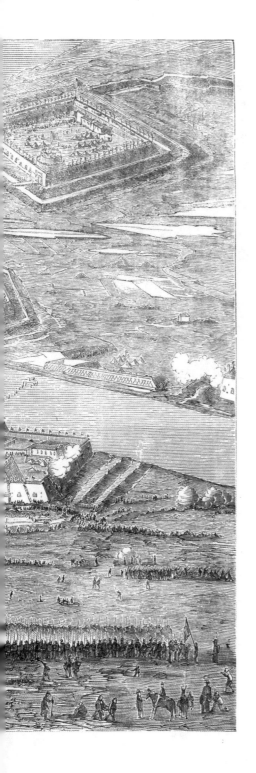

1. 英军进攻部队（图中左下）；

2. 法军进攻部队（图中右下）；

3. 8月21日由科利诺率领联军占领的北岸第一座炮台（图中右下矩形炮台，即石缝炮台）；

4. 1860年8月21日由科利诺率领联军占领的北岸第二座炮台（图中三角形炮台）。

石缝炮台之战

Bibliothèque nationale de France（法国国家图书馆）

石缝炮台，是科利诺将军率领联军进攻白河北岸的第一座炮台。

英军第六十七步兵团强攻大沽北石缝炮台

New York Public Library（纽约公立图书馆）

1860年8月21日晨6时，在距北岸炮台约1000米处，法军开始对炮台进行射击，炮台里的清军也展开了猛烈回击。科利诺特遣队从正面发起进攻，联军炮兵则在白河附近从侧面炮击北岸的炮台。清军"在进行这场了不起的保卫战的时刻，可以说已是和对手进行着面对面的厮杀，他们利用了一切手头现有的东西：他们把云也似的密箭射向攻城者；企图用长矛刺穿那些站在云梯顶端的人，或者手扔圆弹想砸死那些攻城的人"[1]。

---

[1] 齐思和等：《中国近代史资料丛刊：第二次鸦片战争（六）》，上海人民出版社，1979年，第281页。

攻占白河石缝炮台

British Battles on Land and Sea
（James Grant，1897）
《英国陆战海战史》

图中描绘了攀上炮台的联军与清军搏斗的画面，据法国布隆戴尔（Le General Blondel）将军回忆，这场战斗简直就像一场中世纪的战争："三连海军陆战队作为支援部队跑了过来，于是就开始了象（像）中世纪那样的一场肉搏战。一方面，第一〇二营和海军陆战队的一些人上了刺刀，一个接一个地爬上胸墙；另一方面，敌人也不顾死活，全力进行自卫，用旧式长枪、长矛和弓箭拼命搏斗，把圆弹扔到进攻者的身上；有时把他们推到水壕里去，有时又通过炮眼把他们拖过来。尽管进行了卓绝的抵抗，第一批到达的鼓手法舍尔还（是）手执法国国旗，并且很快使它飘扬在胸墙上。"[1]

"好比古战场那样，清军守兵也很英勇。弹药打光了，抓起敌人打来的弹片投掷过去，然后赤手空拳与我强攻队拼斗，最后全都战死，有的军官则拔刀自刎……"[2]

---

[1] 转引自齐思和等：《中国近代史资料丛刊：第二次鸦片战争（六）》，上海人民出版社，1979年，第279页。

[2] 布立赛：《1860：圆明园大劫难》，高发明、丽泉、李鸿飞译，浙江古籍出版社，2005年，第115页。

英法联军进击白河北岸的炮台

The Illustrated London News（1860–11–17）
《伦敦新闻画报》

　　1860年8月21日，在法军与清军展开肉搏战的同时，英军正集中兵力攻打北炮台正面，他们试图搭建浮桥通过壕沟。然而，这里正是清军理想的射击目标，故英军在此伤亡众多，持续伤亡的情况直到援军赶到才有所缓解。

联军进攻、占领白河北岸的石缝炮台

National Army Museum（英国国家陆军博物馆）

　　面对联军的现代武器，清军使用落后的抬枪、弓箭、尖刀和长矛顽强抵抗。联军一炮击中左岸下游炮台的弹药库，清军兵勇伤亡重大。

大沽战役中的巴夏礼跟大清代表谈判

The Arrow War: an Anglo-Chinese Confusion, 1856—1860（Douglas Hurd）
《中英亚罗战争：1856—1860》

　　此画是由英国军官亨利·克里洛克所绘素描：1860年8月21日，大沽战役中，巴夏礼与清军谈判。联军发现清军打出白旗，于是派出了谈判代表，杜潘中校代表法国，（下级军官）格兰特上尉代表英国，巴夏礼以翻译的身份担任助理。清军要求见英法特使，说有信件转交，但被回绝。联军代表声称来此地只谈交出炮台一事。清军代表遂请他们返回，并且表明清军会严阵以待，死守炮台。

　　谈判失败，联军休战2小时后于下午2点再次开战。不久，巴夏礼等人前往直隶总督府面见恒福，经过几个小时的谈判，直隶总督恒福终于同意交出南岸炮台。

法军占领的第一座白河炮台内部

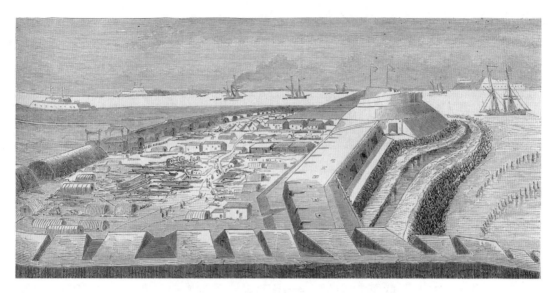

Le Monde Illustré（1860–11–24）《世界画报》

1860年8月21日上午9点，法军占领白河第一座炮台。图中可见，炮台建有高出地面的内堡，既可以扩大视野又能居高临下射击。堡内安有几门重炮，可以封锁河面。

白河炮台

The Illustrated London News（1860–11–17）《伦敦新闻画报》

第二次大沽战役后，僧格林沁进一步加强了白河炮台的防务。炮台附近除了有壕沟，还增设了互相连接的防御工事及各种障碍物，如陷阱、交叉木桩等。炮台围墙高达5米，每个炮台都架有多门大炮。

联军的炮艇分遣队攻打白河炮台

Le Monde Illustré（1860–11–10）
《世界画报》

　　1860年8月21日，联军的舰队配合地面部队猛烈炮击白河炮台。清军腹背受敌，损失重大。图中所示为悬挂三色旗的法舰。

　　法军海军舰队司令沙内给蒙托邦的信中曾经提道：此次战役，联军舰队的作用有限。因为根据涨潮的时间来看，当日凌晨四点半到五点之间是炮舰驶入河口的最佳时间，否则，船只便要搁浅。而战斗实际打响的时间是六点。

联军炮击大沽炮台

nnières alliées de 1re classe. Forts du sud et pagodes. ENTRÉE DU PEÏ-HO. Fort dont le feu a été éteint et qui s'est rendu. Fort pris le premier à l'assaut. Fuséens.
Vapeur anglais remorquant les canots des fuséens. Canonnières anglaises. Batteries alliées

Le Monde Illustré（1860–11–10）
《世界画报》

1860年8月21日，联军炮击大沽炮台。

该图由杜兰德-布拉格（Durand-Brager）根据一位联军军官的素描绘制。

图中是联军炮舰越过白河沙洲炮击白河下游一座炮台的情景。因下游靠近入海口，水位较深，适合炮舰作战。远处蘑菇云状的爆炸实际是联军炮火击中清军弹药库所致。清军修建的弹药库是露天的，只用稻草、兽皮、泥土遮掩，里面有整车整车的弹药。炮台守军显然对联军高吊角发射的炮弹一无所知。从缴获的僧格林沁致咸丰帝的信中可以看到，僧王将大沽炮台失守归因于"两个弹药库的偶然爆炸"。

上排图示（从左至右）：

Canonniéres alliées de 1re classe：联军第一批舰队；

Forts du sud et pagodes：南炮台和塔楼；

Entrée du Pei-ho：白河口（大沽口）；

Fort dont le feu a été éteint et qui s'est rendu：炮台火已灭，清军已投降；

Fort pris premier à l'assaut：联军攻下的第一座炮台；

Fuséens Batteries alliées：联军火箭部队（注：联军的一个兵种，英文叫"rocket troops"）。

下排图示（从左至右）：

Vapeur anglais remorquant les canots des fuséens：英军蒸汽船拖着载有火箭（康格里夫火箭）的划艇；

Canonniéres anglaises：英军炮舰。

英法联军占领大沽炮台

The Illustrated London News（1860–12–08）
《伦敦新闻画报》

图中可见1860年8月大沽战役结束后的炮台内景，清军的火炮被炸毁，炮弹散落一地，炮手已经阵亡。

法军在英军配合下进占白河北岸大沽第一炮台

Le Monde Illustré（1860–11–24）
《世界画报》

  1860年8月21日，在英军配合下，法军科利诺将军率领的步兵旅占领白河北岸大沽第一炮台。

8月21日下午2点，联军开始进攻北岸的一座炮台，那里的炮火十分猛烈。联军步步逼近炮台，却发现里面毫无动静。于是派了工兵去探路，结果发现清军已经放下了武器，蜷缩在炮台一角。原来炮台总指挥乐善在火药库爆炸时牺牲，清军将领阵亡，无人顶替，官兵遂放弃抵抗。

此图根据炮台内现场实景绘制。率先登上炮台的法军挥舞着法国的三色旗，一些没来得及逃走的清军士兵聚在一个角落里。

大沽炮台上的中式火炮

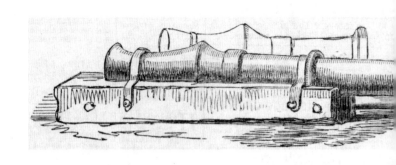

The Illustrated London News
（1861–04–06）
《伦敦新闻画报》

1860年11月20日，英国海军军医乔治·班克斯致信《伦敦新闻画报》，信中附有大沽炮台上的中式火炮的速写与描述。根据班克斯的观察，中式火炮制造技术落后，部分火炮炮位被固定，炮手无法调整发射角度，导致火炮机动性很差。

联军在艰苦环境下就餐

The Illustrated London News
（1860–12–08）
《伦敦新闻画报》

1860年8月21日，白河战役结束不久，当日傍晚便下了一场暴雨。沼泽地变成了泥潭，致使联军的大炮深陷泥泞。目击者后来回忆：如果这场雨早下几个小时，联军很可能转胜为败。

天津白河岸边

The Illustrated London News（1860-10-13）

《伦敦新闻画报》

　　1860年8月下旬，攻克大沽炮台后，联军舰队沿着白河[1]直达天津。天津无险可守，清军在此并无太多布防。

---

[1]　英国人所指天津白河即海河。

蒙托邦及随从到达天津

Bibliothèque nationale de France
（法国国家图书馆）

1860年8月下旬，蒙托邦一行到达天津。

蒙托邦在天津的住所

L'illustration Journal Universel（1860–11–24）
《环球画报》

　　1860年8月下旬，联军进驻天津后，英法使节和格兰特住在城内一处宽敞的宅院里，而蒙托邦选择住在白河与大运河交汇处的一座衙门里。1858年法国公使曾在此暂住。

法国特使在北运河畔的临时住所

L'illustration Journal Universel（1860–12–29）

《环球画报》

　　图中是葛罗男爵在离开天津前往北京的路途上暂居的住所。该地为南蔡村（Nan-tsai-tsin音译），位于北运河畔，距天津40公里，距北京60公里。此处是一个重要驿站。

第三部

北京：城下之盟

张家湾之战

第三次大沽战役结束后，联军部队在城外驻扎，营地坐落在盐库中间的两座炮台上。英军在左岸，法军在右岸。

大沽战役期间，额尔金与葛罗在给直隶总督恒福的照会中言明："只有清廷在接受3月间最后通牒各条款的基础上派遣全权大臣前来，双方才能会晤。"[1] 8月24日，英法联军占领天津，咸丰帝任命大学士桂良、直隶总督恒福为钦差大臣，26日又加任恒祺为帮办大臣，前往天津与英法谈判。额尔金和葛罗拒绝与钦差们会面，而是指派巴夏礼和威妥玛威胁桂良等人，要求各条款"必得一概允准，不容稍事商量，如有一款不准，伊即带兵北犯"[2]。桂良等恐一波多折，便完全同意了对方的要求。接下来额尔金和葛罗派遣翻译前来商谈具体事项：一，赔款问题；二，进京换约问题；三，天津通商问题。另提出进京换约时，将各带1000人的卫队前往。面对联军的要求，桂良和恒福等在即将签约时表示权限不够，无权签署协议。此举激怒了英法特使，他们明显感觉被愚弄了，于是决定集中全部兵力，向北京推进。9月13日，联军先头部队到达位于京津之间的河西务。9月16—17日，英法大部队分别到达河西务。

9月15日，巴夏礼和威妥玛报告说有2000清兵沿路巡逻，钦差大臣通过

---

[1]　夏笠：《第二次鸦片战争史》，上海书店出版社，2007年，第410页。

[2]　齐思和等：《中国近代史资料丛刊：第二次鸦片战争（四）》，上海人民出版社，1978年，第543页。

巴夏礼传话，希望联军停止前进。而额尔金要求联军必须行进到离通州城5英里处，清廷官员勉强同意。9月18日，联军在离开马头村往通州方向前进时，路遇清军骑兵和步兵。清军聚集在联军右侧，挥舞无数战旗。格兰特将军下令队伍停止前进，集中到附近一个村庄。此时，额尔金的秘书罗亨利带着几个印度骑兵从通州带回巴夏礼的信件，说谈判进展顺利。但罗亨利报告，回来路上发现清军在构筑防御工事，架起大炮，一支大部队已集结完毕。联军指示巴夏礼返回通州质询清廷官员。此时，罗亨利请命与巴夏礼同行。联军临时驻扎的地方叫张家湾，清军离此地仅3英里。此后，联军先头部队4000人与30 000清军在张家湾展开激战，清军大败。

北京城附近蒙古骑兵的哨卡

The Illustrated London News（1861–01–12）

《伦敦新闻画报》

1860年9月中旬，联军侦察兵发现张家湾附近的清军骑兵。

北京通州张家湾战斗场面

Le Monde Illustré（1860–12–22）
《世界画报》

1860年9月18日，联军在通州张家湾与清军激战。

北京通州张家湾战斗场面（局部放大图）

图示：

1. 本茨曼指挥的法军炮兵（红色）；

2. 冉曼将军率领的法军（橙色）；

3. 法军第101步兵团（黄色）；

4. 法军第102步兵团（绿色）；

5. 清军（青色）；

6. 右翼是米启尔将军率领的英军（蓝色）；

7. 左翼是法军在攻打村庄（紫色）；

8. 蒙托邦将军指挥的英军锡克骑兵团与清军（白色）。

印度锡克骑兵团与清军激战

Bibliothèque nationale de France（法国国家图书馆）

1860年9月18日，英法联军在通州东边附近一个村庄张家湾遭遇僧格林沁的30 000人部队，联军4000人与清军展开激战。英军锡克骑兵团大败蒙古骑兵，联军炮兵给清军造成重大伤亡。

英国皇家龙骑兵激战僧格林沁的蒙古骑兵

Le Monde Illustré（1860–12–22）
《世界画报》

　　图中描绘的是1860年9月18日张家湾战役中，赶来支援的英国皇家龙骑兵和第九十九团跟蒙古骑兵战斗的场景。

张家湾战场写真

Brown University Library（布朗大学图书馆）

　　该图由英国战地画师兼记者查尔斯·沃格曼所绘，应为张家湾战役的战场写真。

　　张家湾一战，英军统帅为格兰特，英军伤亡不到20人；法军统帅为蒙托邦，法军死亡15人。而僧格林沁部队死伤超过1500人。

　　此战过后，僧格林沁带领蒙古骑兵退守通州。3天后，联军与清军在通州附近的八里桥再次开战。

"九一八"人质事件

1860年8月下旬，钦差大臣桂良、恒福与联军谈判陷入僵局。英法认定二人钦差身份名不副实，中止谈判。清廷只得改派怡亲王载垣与军机大臣穆荫赴通州与联军交涉。9月9日，联军派出了以巴夏礼为首的谈判代表先与钦差大臣会谈，并等待英法特使到达通州签约。

9月16—17日，英法分别向中方递交了照会，谈判算是顺利，只等最后签约。一切本该就此结束，此刻，英方却提出要将英国国书亲自呈给咸丰皇帝。载垣认为"此事关系国体，万难允准"[1]。为此，他与巴夏礼进行了长达几个小时的争辩。

9月18日，载垣只能紧急向咸丰帝报告，咸丰当日便下谕旨说，该要求直接违反了《中英天津条约》第三款西礼觐见的规定。还没等载垣收到这道谕旨，当日中午，英法联军与清军僧格林沁部就于通州以南约8公里的张家湾开战，结果清军战败。不过，大清扣留了巴夏礼等39人——法国方面有格朗尚中校、杜比军需助理和杜吕克神甫等，英国方面有巴夏礼、罗亨利、诺曼、安德森、布拉巴宗和《泰晤士报》记者鲍拜等，另有龙骑兵菲普斯和19名锡克士兵。

起初，英法特使认为钦差大臣对扣留人质毫不知情，是僧格林沁背信弃义，因为钦差大臣曾来函知会说对军队做不了主。其实扣留人质与咸丰的谕

---

[1] 茅海建：《近代的尺度：两次鸦片战争军事与外交》，上海三联书店，1998年，第332页。

旨密切相关。9月9日，咸丰发朱谕给钦差大臣："除面奉旨允许酌办几条外，如再有要求，可许则许，亦不必请旨；如万难允许之条，一面发报，一面知照僧格林沁督兵开仗等因。"[1]9月14日，咸丰又连下多道谕旨，其中一条为巴夏礼、威妥玛等"系该夷谋主……将各该夷及随从人等，羁留在通，毋令折回，以杜奸计，他日战后议抚，再行放还"[2]。显然，除非英方取消面呈国书这一条，否则开战和扣押人质都是不可避免的。

---

[1] 齐思和等：《中国近代史资料丛刊：第二次鸦片战争（五）》，上海人民出版社，1978年，第61页。
[2] 齐思和等：《中国近代史资料丛刊：第二次鸦片战争（五）》，上海人民出版社，1978年，第67页。

联军驻广州总署的英国专员巴夏礼

The Illustrated London News（1860–12–22）
《伦敦新闻画报》

巴夏礼（Harry Smith Parkes），英国工人之子，家境贫寒。因表姐夫郭士立是传教士，1841年来华寻找出路，学会中文，曾参加第一次鸦片战争。此后在英国驻华各领事馆担任翻译。1856年代理广州领事。英法联军占领广州后，成为广州的实际主宰。1858年代理上海领事。1860年任额尔金勋爵的中文秘书。由于额尔金在外交场合不愿意与清朝官员打交道，他往往派巴夏礼出面，清方文书中频频出现他的名字，所以清廷官员将他视为"谋主"。

记者鲍拜

The Illustrated London News（1860–12–29）
《伦敦新闻画报》

鲍拜（Bowlby），伦敦《泰晤士报》记者，曾因出色报道前线战事而蜚声英伦。他是在9月18日人质事件中的死亡人质之一。

额尔金私人秘书罗亨利

The Illustrated London News
（1861–01–12）
《伦敦新闻画报》

罗亨利（Henry Brougham Loch）曾在孟加拉骑兵团服役，退役后担任额尔金的秘书。罗亨利于1860年9月18日与巴夏礼前去与清廷钦差谈判，被扣为人质，10月8日才被放回。

威妥玛

The Illustrated London News（1861–01–12）
《伦敦新闻画报》

威妥玛（Thomas Francis Wade），1855年任驻港英使包令的中文秘书。1858年协助英法使团谈判签订《天津条约》。1860年威妥玛重任联军中文秘书一职。战后威妥玛入剑桥大学教授中文。威妥玛是威氏拼音法（Wade-Giles Romanization）的创造者之一。

联军在鉴别人质遗体

The Arrow War: an Anglo-Chinese Confusion, 1856—1860（Douglas Hurd）
《中英亚罗战争：1856—1860》

　　此画由英军军官亨利·克里洛克所绘。1860年10月14日，清廷将8名人质的遗体用棺木运回给联军，其中有6名英国人和2名法国人。联军根据遗体身上的衣服辨认出了安德森中尉、诺曼和鲍拜，以及2名锡克骑兵。

**俄国公墓里的
英国人质墓地**

*The Illustrated
London News*
（1861–01–19）
《伦敦新闻画报》

　　1860年10月17日中午，英军为4名遇难的英国人质（中尉安德森、上等兵菲普斯、诺曼先生、鲍拜先生）举行葬礼。俄国驻北京公使伊格那提耶夫主动提出将死难者遗体埋葬在俄国公墓里。该公墓位于北京北城外。由于遗体腐烂，联军只能通过着装辨认他们的身份。在英军龙骑兵和费恩骑兵团的护送下，4辆炮车运送遗体至公墓。联军每个团派1名军官和20名士兵参加葬礼。第六十团担任乐队，额尔金勋爵和格兰特将军主持葬礼。蒙托邦将军也参加了葬礼。

　　10月28日，法军为6名遇难的法国人质举行了葬礼。人质遗体被安葬在北京城外的法国耶稣会公墓。[1]

---

[1]　布立赛：《1860：圆明园大劫难》，高发明、丽泉、李鸿飞译，浙江古籍出版社，2005年，第256页。

八里桥之战

张家湾之战和清军扣押人质事件使冲突升级，僧格林沁率军退至通州一带，准备与英法联军进行野战。1860年9月21日，英法联军6000人与僧格林沁、瑞麟、胜保大军3万人于通州城南的八里桥开战。八里桥距京师8公里，是一座17世纪石料单孔桥，可谓通往北京的咽喉之地。

八里桥之战，联军方面以法军为主，由蒙托邦任总指挥，这场战役的胜利使其回国后获得了"八里桥伯爵"的称号。9月21日凌晨，英法联军由骑兵带路，向八里桥方向推进。开战后，清军马队遭到联军步兵密集火力的射击和联军火炮的轰击，大量伤亡。战马因受惊而横冲直撞，乱成一团。在仓皇撤退时，清军坐骑踩踏了不少清军步兵。下午3点八里桥被法军占领。

在双方人数悬殊的情况下，联军以极少的伤亡大败清军。据《蒙托邦征战中国回忆录》记载，战斗结束后，他让被俘的清兵去收敛和埋葬清军尸体，统计表明清军约有3000人阵亡，而联军的伤亡为：法军亡3人，伤17人；英军亡2人，伤29人。

八里桥附近的建筑

L'illustration Journal Universel（1860–12–29）

《环球画报》

　　根据联军9月20日侦察的情况，大批清军骑兵集结在通州至京城之间的运河一带。这里有两座桥，一座竹桥，一座石桥。八里桥是一座汉白玉桥，因距离北京城八里地，故名八里桥。

英法联军八里桥战役图

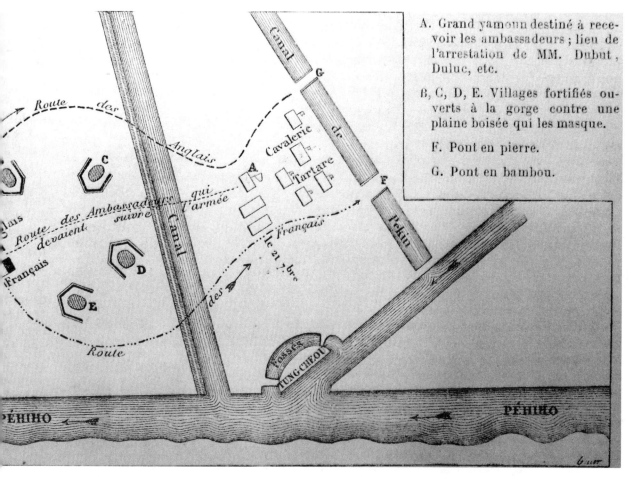

A. Grand yamoun destiné à recevoir les ambassadeurs ; lieu de l'arrestation de MM. Dubut, Duluc, etc.

B, C, D, E. Villages fortifiés ouverts à la gorge contre une plaine boisée qui les masque.

F. Pont en pierre.

G. Pont en bambou.

L'illustration Journal Universel（1860–12–22）
《环球画报》

　　图中下方虚线是1860年9月21日法军进攻路线，法军前方是八里桥主战场。上方虚线是英军进攻路线图，英军进攻的是竹桥。中间虚线是英法特使（额尔金和葛罗）随军前行路线。

右上图示：

A：此地原本为接待外国公使之处，联军谈判人员被扣押在此；

B，C，D，E：构筑有防守阵地；

F：石桥（即八里桥）；

G：竹桥。

八里桥战役（一）

The Illustrated London News（1860–12–22）
《伦敦新闻画报》

　　据联军侦察，清军把守在八里桥前后。1860年9月21日，由蒙托邦将军率领的法军从八里桥的正面进攻。早上5点半，科利诺将军率一小队先头部队向八里桥挺进，冉曼将军的队伍紧随其后。此图是根据英军随军摄影师比托的照片所绘，而比托的照片中并无作战场景，只有一座桥。

八里桥战役（二）

Bibliothèque nationale de France

（法国国家图书馆）

1860年9月21日，科利诺将军率领的1个炮兵连、1个工兵连、2个轻骑兵连和2个骑兵小队首先遭遇了从左翼包抄他们的清军大队人马。双方当即展开激战，此时英军还未赶到。

首先遭遇清军的科利诺将军立即组织炮兵架设大炮迎战。遭到火炮攻击的清军骑兵应声落马。但清军毕竟人多势众，法军凭借炮兵的掩护暂时得以撤退。一位法军中尉战后回忆："炮火枪弹像打不倒清兵似的：他们似死而复生，顽强战斗，甚至有时冲到我方大炮前三十来米。不过，我军炮火变得更密集更猛烈，将他们一一打退，四处逃窜……"[1]

---

[1] 布立赛：《1860：圆明园大劫难》，高发明、丽泉、李鸿飞译，浙江古籍出版社，2005年，第156页。

英国皇家龙骑兵激战僧格林沁骑兵

The Illustrated London News（1860–12–22）
《伦敦新闻画报》

　　1860年9月21日，八里桥战役中，法军曾一度被围，图中是左路及时赶到的英军骑兵帮助法军解围。英国皇家龙骑兵最早是骑马步兵的一种，骑马到达目的地后便下马步战，后来改为轻骑兵，骑马作战。八里桥战役中，皇家龙骑兵和费恩骑兵团打前锋，普罗宾骑兵团断后。

　　据目击者回忆，龙骑兵冲入蒙古骑兵阵中，如入无人之境，将蒙古骑兵打翻在地，如同"九柱戏"（注：相当于现在的保龄球运动）一样。战场上，可见无主的清军马匹四处奔跑。

英法联军在八里桥战役中

tional Army Museum（英国国家陆军博物馆）

此图由英国军官亨利·克里洛克所绘。八里桥战役，清军与联军兵员损失差异巨大。究其原因，主要是清军武备落后，战术不灵活，机动性差。

据联军官兵回忆："清军骑士，只是肩挎弓箭，左手持盾牌，右手举刀扬鞭，怎么竟敢朝枪炮全副武装的欧洲军队冲锋呢？岂能不惨遭溃败？"[1]

英国公使额尔金视察战场

pédition de Chine en 1860. Souvenirs du général Cousin de Montauban, comte de Palikao
年中国远征记：八里桥伯爵蒙托邦将军回忆录》

此图为英国军官亨利·克里洛克的素描。1860年9月21日，英国公使额尔金视察八里桥战场。整场战役，额尔金一直随军观战。

[1] 布立赛：《1860：圆明园大劫难》，高发明、丽泉、李鸿飞译，浙江古籍出版社，2005年，第161—162页。

八里桥汉白玉碑

L'illustration Journal Universel
（1860–12–29）
《环球画报》

此图所绘为距离八里桥不远处的汉白玉碑。"据埃里松描述，神龟[1]直径4米左右，背甲托起那高耸的雕龙石碑，非常宏伟壮观。蒙将军曾想将此奇特的纪念碑运到法国，安设在巴黎某一广场上，如协和广场上的埃及方尖碑那样，供人瞻仰。可是，法国海军表示难以把如此巨大的龟柱运走。他是何等遗憾！"[2]

---

[1]　编者注：此处所指应为赑屃。
[2]　布立赛：《1860：圆明园大劫难》，高发明、丽泉、李鸿飞译，浙江古籍出版社，2005年，第171页。

北京城下之盟

咸丰帝接到八里桥清军战败的消息后，于9月22日从圆明园逃往热河。临行前，咸丰委派恭亲王奕䜣处理后续事宜。

9月24日，恭亲王照会额尔金，以交还人质来换取和平。额尔金提出3日内放人，否则进攻北京城。三日已过，清廷并未释放人质，而是再次照会额尔金，希望先谈和约。同以前一样，双方纠结在"递交国书"这一问题上：一是因为中、西方外交礼节的不同；二是双方对来往照会的理解有出入，导致多次拉锯战。

10月6日，联军到达北京安定门和德胜门外。10月7日，联军洗劫皇家园林圆明园。此时咸丰帝、军机大臣、各部尚书均已逃走，恭亲王等人也避走万寿山。10月8日，清廷释放了包括巴夏礼在内的第一批人质。10月12日，第二批人质被释放。10月13日，英法下达最后通牒，称部分联军将进入北京城。10月14日，清廷交出最后一批人质。至此，被扣押的39名人质，交还19人，另20人在狱中死去。10月18日，额尔金下令火烧圆明园。

额尔金在1860年10月25日致英国外交大臣约翰·罗素（John Russell）的信件中提到"毁坏圆明园行宫，与勒索一宗款项，使清政府能于当地筹集，作为媾和之初步，名义则为被害者之赔偿费，二举联合起来，似为完成各条件之惟一方法"[1]。可以看出他表面是借烧圆明园报复人质死伤事件，实则是向

---

[1] 齐思和等：《中国近代史资料丛刊：第二次鸦片战争（二）》，上海人民出版社，1978年，第457页。

清廷施压，使其能即刻签约。因为即将到来的严冬对联军不利，格兰特将军早已知会额尔金，11月1日前联军必须离京返航。

10月24—25日，清廷全权代表恭亲王奕䜣收拾残局，分别与英国全权代表额尔金、法国全权代表葛罗签署《中英北京条约》和《中法北京条约》，并与两国互换《天津条约》的批准书。第二次鸦片战争宣告结束。

大清皇帝的夏宫——圆明园

The Illustrated London News（1861–04–27）

《伦敦新闻画报》

英法联军1860年10月6日清晨分四路纵队向北京城出发，中途俘虏了一小队清兵，得知有一支清军撤到圆明园附近，联军立即决定进剿。晚上7时左右，法军首先到达圆明园。

法军到达圆明园，发现门前的清军兵勇很快就不见了踪影。随后，法军先头部队发现一个围墙暗门，于是几个海军陆战队员搬来云梯，爬过墙头，将暗门打开。进入园内的小分队到达前院打开大门，法军进入圆明园。入园的法军由于不明情况，小心翼翼地前进，中途遇到几个太监和少量卫兵。清军寡不敌众，很快撤离了圆明园。

蒙托邦将军在后来写给陆军部大臣的信中曾这样描述他见到的圆明园："难以计数的壮丽豪华建筑一座连着一座，绵延16公里之远，这就是人们常说的皇帝夏宫。园内有很多寺塔，里面供奉着各种各样金的、银的和铜的巨大神像……花园湖泊，星罗棋布；一座座白色大理石建筑物以琉璃瓦盖顶，五颜六色，熠熠生辉，里面有数世纪来堆藏着的各种奇珍异宝。"[1]

---

[1] 布立赛：《1860：圆明园大劫难》，高发明、丽泉、李鸿飞译，浙江古籍出版社，2005年，第182—183页。

圆明园的花园

L'illustration Journal Universel（1860–12–22）
《环球画报》

　　法国海军上尉巴吕曾说："看到这座宫殿的时候，不论受过何种教育，也不论哪个年龄，还是什么样的思想观念，大家所产生的印象都是一样的：压根儿想象不出有什么东西可与之相比；绝对地震撼人心！确切地说，法国所有的王室城堡都顶不上这个圆明园。"[1]

---

[1]　布立赛：《1860：圆明园大劫难》，高发明、丽泉、李鸿飞译，浙江古籍出版社，2005年，第183页。

由画入史：第二次鸦片战争世界书报刊图叙

第三部　北京：城下之盟

英法联军占领圆明园

Bibliothèque nationale de France（法国国家图书馆）

　　法国历史学家布立赛（Bernard Brizay）在他的《1860：圆明园大劫难》一书中罗列了很多参与洗劫圆明园的当事人后来的记述，他们一致认为劫掠圆明园无法避免。而布立赛认为，这些人的辩解无非是为自己开脱罪责。

　　从10月7日到10月9日，联军对圆明园进行了大肆抢劫。法军贝齐亚上尉回忆："10月9日，我们终于撤离了劫掠现场，身后留下一片废墟和大火，战争中这悲惨的一幕无论如何是遮掩不了的，它使军队失去了尊严，使一些人失去了荣誉。"[1]英军上尉哈特·邓恩回忆："我很累，躺在那儿，除了占领使人觉得满足以外，抢劫皇宫就是一切。这使人性深处隐藏着的最坏的情感，包括占有欲和贪欲，突然之间全都冒了出来。谁都对自己得到的不满足，因为总觉得别人比自己得到的更多。我还认为，每个人的自尊都程度不同地有所降低，因为谁都非常清楚在这种时候驱使自己的是哪种情感。"[2]

---

[1]　布立赛：《1860：圆明园大劫难》，高发明、丽泉、李鸿飞译，浙江古籍出版社，2005年，第207页。
[2]　布立赛：《1860：圆明园大劫难》，高发明、丽泉、李鸿飞译，浙江古籍出版社，2005年，第228—229页。

圆明园大门前的法军营地

L'illustration Journal Universel（1860–12–22）

《环球画报》

　　1860年10月7日，在圆明园大门处的树荫下扎营的法军在广场上载歌载舞，其中可见有士兵穿戴着抢劫来的中式衣帽。关于洗劫圆明园一事，众说纷纭：英方说英军到达时，圆明园已被洗劫；法方却说英军到来前，蒙托邦将军下令保持所有地方都原封不动，据法军布隆戴尔将军记述："遗憾的是，后来的情况就不是这样了。"最后双方统帅共同决定：先选出最好的物品送给法皇和英王，再平分战利品。

大清皇帝权杖

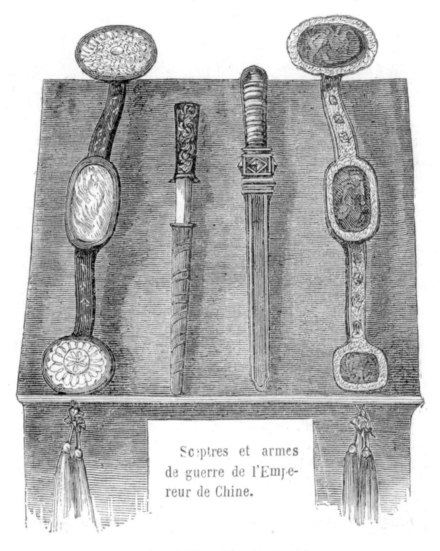

Le Monde Illustré（1861–02–23）
《世界画报》

　　据《蒙托邦征战中国回忆录》记载，英法在瓜分圆明园珍宝时，额尔金选了一根大清皇帝的翠玉权杖，他们知道这种玉价值极高。法国人也找到了相似的权杖，准备将它献给法国皇帝（注：西人误以为如意是代表权力的权杖）。

献给法皇拿破仑三世的大清珍品

Le Monde Illustré（1861–03–02）
《世界画报》

　　图为巴黎杜伊勒里宫的"大清珍宝展"。1871年，杜伊勒里宫在巴黎公社革命期间被烧毁。所幸的是，1863年，欧仁妮皇后已将所有珍品移至枫丹白露城堡。

法军从大清带回的战利品

The Illustrated London News（1861–04–13）
《伦敦新闻画报》

图为进献给法国欧仁妮皇后的大清珍宝。

巴黎附近枫丹白露宫中的中国文物馆

Le Monde Illustré（1863-07-04）

《世界画报》

图中法皇拿破仑三世与欧仁妮皇后在中国文物馆观展。

Looty：一只在圆明园发现的小狗

The Illustrated London News（1861–06–15）
《伦敦新闻画报》

　　1860年10月8日，联军抢劫圆明园时，英军第九十九步兵团邓恩上尉发现了这只小狗，据说是大清皇后或皇家女眷的宠物。于是，他们用英国式的幽默给狗取了个名字叫Looty（在英文中有战利品之意）。邓恩将这只狗带回国，献给了女王阁下，女王很高兴地接收了礼物。Looty成为皇家收藏的名狗之一，是当时英国人见到的最小、最漂亮的一种狗。1872年，Looty告别人间。

1865年春英国伦敦水晶宫中国文物展

The Illustrated London News（1865–05–06）
《伦敦新闻画报》

  1865年春，英国伦敦水晶宫展出了法军上尉内格罗尼（De Negroni）在1860年从圆明园抢掠的中国艺术品。其中包括中式象牙雕船、镶嵌玉石的漆器柜、玉佛手、瓷器、珠宝、皮毛、丝绸，以及欧洲使节赠送给清廷的西洋钟等。

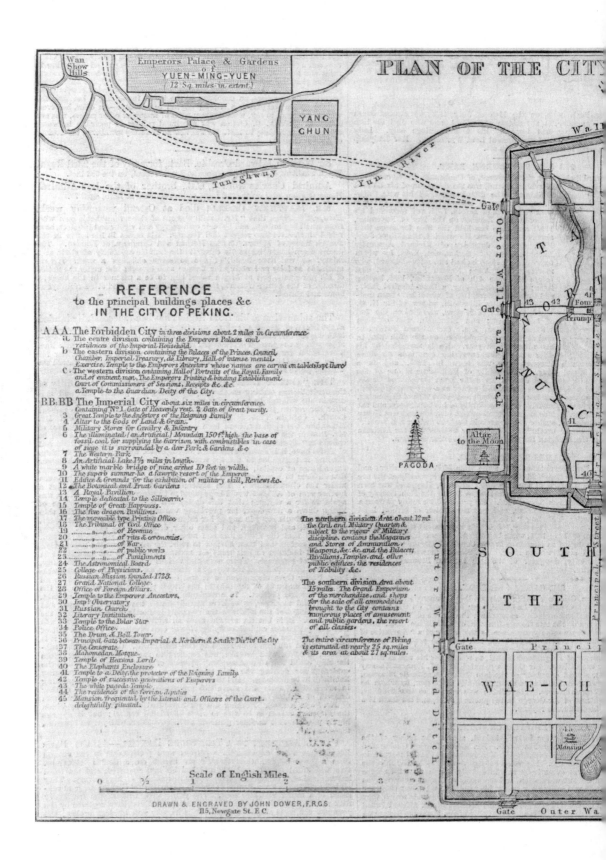

PLAN OF THE CITY

Wan Show Hills

Emperors Palace & Gardens of
YUEN-MING-YUEN
(12 Sq. miles in extent)

YANG CHUN

Tung-hwuy

Yun River

Gate

Outer Wall and Ditch

REFERENCE
to the principal buildings places &c
IN THE CITY OF PEKING.

A.A.A. **The Forbidden City** *in three divisions about 2 miles in circumference.*
  a. The centre division *containing the Emperors Palaces and residences of the Imperial Household.*
  b. The eastern division *containing the Palaces of the Princes, Council Chamber, Imperial Treasury, &c. Library, Hall of intense mental Exercise, Temple to the Emperors Ancestors whose names are carved on tablets kept there.*
  c. The western division *containing Hall of Portraits of the Royal Family and of eminent men, The Emperors Printing & binding Establishment, Court of Commissioners of Sessions, Receipts &c. &c.*
  a. Temple to the Guardian Deity of the City.

B.B.B.B. **The Imperial City** *about six miles in circumference.*
  Containing Nº 1. Gate of Heavenly rest. 2. Gate of Great purity.
  3 Great Temple to the Ancestors of the Reigning Family
  4 Altar to the Gods of Land & Grain.
  5 Military Stores for Cavalry & Infantry
  6 The illuminated (an Artificial) Mountain 150 f.t high. the base of fossil coal, for supplying the garrison with combustibles in case of siege it is surrounded by a deer Park & Gardens &c
  7 The Western Park
  8 An Artificial Lake 1½ miles in length.
  9 A white marble bridge of nine arches 10 feet in width.
  10 The superb summer-ho. a favorite resort of the Emperor
  11 Edifice & Grounds for the exhibition of military skill, Reviews &c.
  12 The Botanical and Fruit Gardens
  13 A Royal Pavilion
  14 Temple dedicated to the Silkworm
  15 Temple of Great Happiness.
  16 The five dragon Divisions
  17 The moveable type Printing Office
  18 The Tribunal of Civil Office
  19 ....of Revenue
  20 ....of rites & ceremonies.
  21 ....of War.
  22 ....of public works
  23 ....of Punishments
  24 The Astronomical Board
  25 College of Physicians.
  26 Russian Mission founded 1728.
  27 Grand National College.
  28 Office of Foreign Affairs.
  29 Temple to the Emperors Ancestors.
  30 Imp.l Observatory
  31 Russian Church
  32 Literary Institution.
  33 Temple to the Polar Star
  34 Police Office.
  35 The Drum & Bell Tower.
  36 Principal Gate between Imperial & Northern & South.n Div.n of the City
  37 The Censorate.
  38 Mahomedan Mosque.
  39 Temple of Heavens Lord.
  40 The Elephants Enclosure
  41 Temple to a Deity the protector of the Reigning Family.
  42 Temple of successive generations of Emperors
  43 The white pagoda Temple.
  44 The residences of the foreign deputies
  45 Mansion frequented by the Literati and Officers of the Court. delightfully situated.

PAGODA

Altar to the Moon

The northern division Area about 12 m²
the Civil and Military Quarter &
subject to the rigour of Military
discipline. contains the Magazines
and Stores of Ammunition,
Weapons, &c: &c. and the Palaces,
Pavilions, Temples, and other
public edifices, the residences
of Nobility &c.

The southern division Area about
15 miles. The Grand Emporium
of the merchandize, and shops
for the sale of all commodities
brought to the City contains
numerous places of amusement
and public gardens, the resort
of all classes.

The entire circumference of Peking
is estimated at nearly 25 sq. miles
& its area at about 27 sq. miles.

SOUTH
THE
WAE-CH

Gate   Princi

Mansion

Gate   Outer Wa

Scale of English Miles.

0   ½   1   2   3

DRAWN & ENGRAVED BY JOHN DOWER, F.R.G.S.
115, Newgate St. E.C.

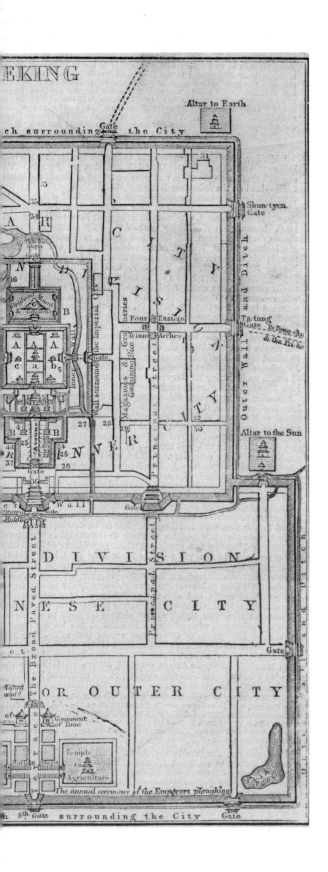

北京城地图

The Illustrated London News
（1860–10–13）
《伦敦新闻画报》

　　　　　　　　　　第三部　北京：城下之盟

左上图示：

Wan Show Hills：万寿山；

Emperors Palace & Gardens of Yuen-Ming-Yuen（12 Sq. miles in extent）：圆明园（12平方英里）；

Yang Chun：杨村；

Yun River：运河。

左中图示：

REFERENCE

to the principal buildings places & c.

IN THE CITY OF PEKING

北京城内的主要建筑场所

AAA. The Forbidden City in three divisions about 2 miles in Circumference：紫禁城分为三个部分，方圆约2英里：

a.The centre division containing the Emperors Palaces and residences of the Imperial Household：中心区域为皇帝的宫殿和居所（应指三大殿及后三宫）；

b.The eastern division containing the Palaces of the Princes, Council Chamber, Imperial Treasury, do Library, Hall of intense mental Exercise, Temple to the Emperors Ancestors whose names are carved on tablets kept there：东区包括南三所、内阁、内库、文渊阁、养性殿、奉先殿（供着刻有名字的牌位）；

c.The western division containing Hall of Portraits of the Royal Family and of eminent men. The Emperors Printing & binding Establishment, Court of Commissioners of Sessions, Receipts &C. &c. a Temple to the Guardian Deity of the City：南薰殿、武英殿、内务府、城隍庙。

BBBB. The Imperial City about six miles in circumference. Containing：皇城周长约6英里。其中包括：

1.Gate of Heavenly rest：天安门；

2.Gate of Great purity：大清门（注：图示位置与实际有误差）；

3.Great Temple to the Ancestors of the Reigning Family：太庙；

4.Altar to the Gods of Land & Grain：社稷；

5.Military Stores for Cavalry & Infantry：武备院（注：图示位置与实际有误差）；

6.The illuminated（an Artificial）Mountain 150ft high, the base of fossil coal for supplying the Garrison with combustibles in case of siege, it is surrounded by a deer Park & Gardens &c.：景山，又名煤山（是一座人造山）。高150英尺，在皇城被围困的情况下可以为驻军提供可燃物，周围有鹿园及花园等环绕；

7.The Western Park：西园（小西天、大西天）；

8.An Artificial Lake 11/3 miles in length：长11/3英里的人工湖（北海）；

9.A white marble bridge of nine arches 10 feet in width：白色大理石建九孔桥（御河桥），10英尺宽；

10.The superb summer-ho, a favorite resort of the Emperor：皇帝在夏天最喜欢游玩的地方（琼岛）；

11.Edifice & Grounds for the exhibition of military stall, Reviews &c.：对应场所中文名称不详，疑为达子营或马台之类；

12.The Botanical and Fruit Gardens：植物园和水果园；

13.A Royal Pavillion（疑为Pavilion误写，下同）：亭子；

14.Temple dedicated to the Silkworm：先蚕坛；

15.Temple of Great Happiness：大高殿；

16.The five dragon Pavillions：五龙亭；

17.The moveable type Printing Office：对应场所中文名称不详，疑为活字印刷所之类；

18.The Tribunal of Civil Office：吏部；

19.The Tribunal of Revenue：户部；

20.The Tribunal of Rites & Ceremonies：礼部；

21.The Tribunal of War：兵部；

22.The Tribunal of Public Works：工部；

23.The Tribunal of Punishments：刑部；

24.The Astronomical Board：钦天监；

25.College of Physicians：太医院；

26.Russian Mission founded 1728：建于1728年的俄国公使馆；

27.Grand National College：翰林院；

28.Office of Foreign Affairs：理藩院；

29.Temple to the Emperors Ancestors：祖堂子；

30.Imp. Observatory：星台；

31.Russian Church：俄国教堂；

32.Literary Institution：举场；

33.Temple to the Polar Star：九顶娘娘庙；

34.Police Office：提督衙门；

35.The Drum & Bell Tower：鼓楼和钟楼；

36.Principal Gate between Imperial & Northern & Southn. Divn. of the City：正阳门；

37.The Censorate：都察院；

38.Mahomedan Mosque：清真寺；

39.Temple of Heavens Lord：天主堂；

40.The Elephants Enclosure：驯象所；

41.Temple to a Deity, the protector of the Reigning Family：护国寺；

42.Temple of successive generations of Emperors：帝王庙；

43.The white pagoda Temple：白塔寺；

44.The residences of the foreign deputies：外国使节居所；

45.Mansion frequented by the Literati

and Officers of the Court, delightfully situated：陶然亭（文人和官员经常造访的地方，地理位置好，景色优美）。

中间图示：

1.The northern division. Area about 12m^3 the Civil and Military Quarter & subject to the rigour of Military discipline, contains the Magazines and Stores of Ammunition. Weapons, &c. &c. and the Palaces; Pavillions, Temples, and other public edifices, the residences of Nobility &c. 北区面积约为12平方英里，包括宫殿、亭榭、庙宇、其他公共建筑、贵族住所及军事政要区、武器弹药库等，此地区戒备森严。

2.The southern division. Area about 15 miles. The Grand Emporium of the merchandize, and shops for the sale of all commodities brought to the City contains numerous places of amusement and public gardens, the resort of all classes. 南区，面积约15平方英里。这里有很多商铺，出售各种商品。还有包括各个娱乐场所和公园，供大众消闲。

3.The entire circumference of Peking is estimated at nearly 25 sq. miles & its area at about 27 sq. miles. 北京城周长估计为25英里，面积约为27平方英里。

右侧图示（大致由上至下）：

Wall and Ditch surrounding the City：内城墙和护城河；

Outer Wall and Ditch：外城墙和护城河；

Altar to Earth：地坛；

Tartar City：鞑靼城；

Northern Division：北区；

Nuy-Ching or Inner City：内城；

Shun-tyen Gate：东直门；

Ta-tang Gate：朝阳门；

To Tung-Chu & the Pei Ho：通往通州和北河；

Altar to the Sun：日坛；

Altar to the Moon：月坛；

Southern Division the Chinese City：城南汉人区；

Wae-Ching or Outer City：外城；

Black Dragon Pool：黑龙潭；

Temple to the Heavens：天坛；

Temple to Agriculture（The annual ceremony of the Emperors ploughing）：先农坛（一年一度的皇帝耕作仪式）；

Fish Pool：鱼池。

（注：图示中部分文字不清，描述有误，另个别图示位置与实际不符。）

清咸丰帝画像

图片来源：*The Illustrated London News*（1860–10–13）

《伦敦新闻画报》

左下图示：

Western Gate Peking：北京西门；

右下图示：

The Bridge of Nanking：南京的桥。

图配文字："咸丰帝与其他皇帝不同。他喜欢运动，身边的女人也是一些强悍好动的女子。她们热爱骑马、打猎、射箭，这彻底改变了大清女人喜小脚、纤腰的审美观。咸丰帝不仅爱恋皇后，而且尊重有加。帝、后二人共同掌握国家最高机密。皇后甚至参加议政，大臣们对她的观点也洗耳恭听，就像对待她的皇夫一样。"

英法联军占领下的北京安定门

The Illustrated London News（1861–01–05）《伦敦新闻画报》

"1860年10月10日，联军格兰特将军和蒙托邦将军向恭亲王下达最后通牒：如果10月13日中午之前不向联军交出安定门，联军将强行进入北京城。信中说：'如果同意交出安定门，联军将禁止士兵进入城内，居民不会受到惊扰。如果拒绝交出城门，联军将从城墙打开缺口。'

"根据估测，北京的护城墙高达14米，底部厚达26米，顶部20米。当时法军只有4门野战炮，英军也只有4门攻城大炮。法军已经将炮位安在离城墙70米的地方，英军也在离城墙250米的地方安置了攻城大炮，法军炮兵上校本茨曼曾说要把这么牢固的城墙打开缺口，他没有把握。当时联军的攻城能力和装备供给十分有限，保罗·瓦兰也认为北京的城墙坚固无比，如果大清国人拒绝交出安定门，还没等我们把这个土石铸成的庞然大物打出一个缺口，我们早已经弹尽粮绝20次了。这是法军专业人士的观点，而《伦敦新闻画报》的记者却持不同看法。他说英军炮兵军官信心满满，认为只要使用68磅炮，可以在4—6小时内把城墙轰开一个缺口。"（《伦敦新闻画报》）

几天后，英军进入安定门发现城墙的确坚固。格兰特在他的私人日记中描述说：城门顶上有三层防卫设施，城墙环绕整个内城，全长超过6英里，很是壮观。城墙高、宽都有50英尺，上面可并行5辆马车。

大清皇帝的宫殿

The Illustrated London News（1861–04–27）
《伦敦新闻画报》

　　该图是版画画师根据摄影师比托拍摄的紫禁城午门的照片所绘制。画中的人物为画师添加。

北京城郊的葛罗男爵、蒙托邦将军住地

L'illustration Journal Universel（1860–12–29）
《环球画报》

葛罗男爵和蒙托邦将军住在北京城外一座喇嘛庙里。在与清政府签约前，清廷代表恭亲王与英法代表之间频频互致信函。两国公使为了能在冬季来临前结束战争，使用各种手段迫使恭亲王加快签约进程。

英法联军卫队从安定门进入北京城

Le Monde Illustré（1861–01–05）《世界画报》

1860年10月7日，额尔金的秘书威妥玛和恭亲王的代表恒祺达成协议，大清向联军交出安定门。13日上午10点，巴夏礼带领两名军官再次会见清廷特使恒祺。根据联军的要求，中午12点，清军移交安定门。两名军官商定英法双方各派200名士兵组成先头部队，中午12点在安定门前会合后共同入城。结果，英军带了400人提前到达，占领了城门右侧，并把英国国旗插上了城头。此事令法军大为不满，法军施密茨上校怒斥英军拿皮尔将军："你们本来是可以等我们的。自从我们两军并肩作战以来，这是你们第一次把你们的旗帜首先插到城头上。不错，这一次没有敌人在后边追赶。"[1]

---

[1]　布立赛：《1860：圆明园大劫难》，高发明、丽泉、李鸿飞译，浙江古籍出版社，2005年，第262页。

法军进入北京城

Bibliothèque nationale de France（法国国家图书馆）

10月13日正午，法英两国各派出一个营的兵力前往北京城。"两国军队约定在安定门前会合，城门的哨所也架起了大炮。安定门为一道拱形城门，上面还筑有一座三层高的水泥砌体。联军占领的是最底下一层，部队被禁止与北京百姓进行接触，纵横交错的道路上拉起一些绳子，禁止行人通过。"[1]

---

[1]　帕吕：《远征中国纪行》，谢洁莹译，中西书局，2011年，第132页。

清廷人员在称人质赔款银两

The Illustrated London News（1861–04–13）
《伦敦新闻画报》

　　1860年10月15日，英军统帅格兰特将军要求清政府于10月22日为英国死亡人质及释放的人质赔款30万两白银。法方提出赔款20万两白银。图中便是大清人员在称赔款白银的重量。其中可见，联军军官在现场监督。

清政府将人质赔款送至京城外的英法军需处

The Illustrated London News（1861–01–26）

《伦敦新闻画报》

　　恭亲王致信额尔金，表示大清会按要求赔款，希望对方给予回执。1860年10月22日，清廷的赔款如期送到了北京城外的英法军需处。

额尔金进京与清廷签约

The Illustrated London News（1861–01–05）

《伦敦新闻画报》

"1860年10月24日早晨，额尔金勋爵与英军统帅格兰特将军在600名士兵和100名军官的护送下，通过安定门进入北京城，前往礼部。额尔金勋爵由16名穿着红色号衣的轿夫抬着，道路两旁有拿皮尔将军指挥的英国第二步兵师列队护卫。该步兵师的一些士兵还占据着关键路段和关键地点，以防不测。当额尔金勋爵走出轿子时，英军卫兵举起兵器敬礼，英军乐队演奏英国国歌《天佑女王》。恭亲王身穿深蓝色袍子，身前身后的衣服上都绣着'面目狰狞的魔鬼'，或曰'帝国之龙'。（注：该描述取自英国记者报道，这体现了中西方文化的差异。在西方世界，龙是凶恶、残忍的象征。新闻记者和西方读者接受的即龙是魔鬼。）他上前双手抱拳行礼，额尔金勋爵脱帽欠身回礼。根据中华礼仪，额尔金勋爵随后自始至终都戴着他的帽子。

"签约大厅的中间放了一张桌子，桌子上放着装有双方协议和条约文本的盒子。双方的全权代表分别在文件上签字盖章，然后交换文本。签约仪式上，清廷代表准备了茶点，但英方委婉地谢绝了。整个过程中，恭亲王表情忧郁，这可能跟额尔金勋爵故意晚到2个小时有关。签约仪式结束后，额尔金勋爵上轿，乐队再次演奏《天佑女王》，英军炮兵放了21响礼炮，额尔金勋爵原路返回。"（《伦敦新闻画报》）

图中可见大路两边挤满了北京城内的老百姓，据额尔金勋爵的秘书罗亨利回忆：这些人翘首张望，默不作声，看不出任何恐惧，也没有丝毫敌意。

额尔金进京与清廷代表签约

Brown University Library（布朗大学图书馆）

"在指定的当天下午3点，陪同额尔金勋爵前往签约大厅的队伍进入安定门。……额尔金勋爵坐在绿色轿子上，由16名身着红色制服的苦力抬着，他的两个参谋官骑着马走在轿子两旁，后面跟着更多的步兵和骑兵。……主干道的两旁都站着英国步兵，大约有两千人，队伍走过时他们便跟在队伍的后面，形成了一支八千人的队伍，浩浩荡荡走进京城。"[1]

---

[1] 斯温霍：《1860年华北战役纪要》，邹文华译，中西书局，2011年，第195页。

1860年的北京街景

The Illustrated London News（1861-01-05）
《伦敦新闻画报》

1860年的北京街景：天朝子民扎堆围观"野蛮人"。"联军与大清达成协议，除了英法特使的卫队，其他联军士兵不得入城，市民也不得靠近城门。图中可见有一条架起的绳索将市民与联军隔开20米远，同时还有拿皮鞭的'当地警察'（保罗·瓦兰语）驱赶越界的人。图中两块竖立的木牌上书：'联军作为，合理合法'"。（《伦敦新闻画报》）

英国全权代表与大清全权代表签约

L'Expédition de Chine en 1860. Souvenirs du général Cousin de Montauban, comte de Palikao
《1860年中国远征记：八里桥伯爵蒙托邦将军回忆录》

此画由在现场的英国军官亨利·克里洛克所绘。1860年10月24日，英国全权代表额尔金勋爵与清廷全权代表恭亲王奕䜣签署《中英北京条约》，并互换了《中英天津条约》的批准书。

"签约结束后，额尔金向恭亲王表达诚挚的敬意。此时的恭亲王看上去像一个睿智的哲学家，平静地听从命运的安排。他不再像之前一样愁眉不展，已经能从他脸上看到些许笑容，感觉他已经从倔强变得顺从。额尔金勋爵对皇帝批准条约感到满意，并且该条约已经在《京报》上发表，印成公告张贴在北京城内显眼的地方。在与恭亲王的谈话中，额尔金勋爵向他强调：在新条约下，外国使节直接与北京政府交涉会有很多方便和好处……英国驻京代表卜鲁斯向恭亲王建议，大清可以派一位大使常驻英国。"（《伦敦新闻画报》）

额尔金勋爵与清廷全权代表恭亲王奕䜣签约

The Middle Kingdom: A Survey of the Geography, Government, Literature, Social Life, Arts, and History of the Chinese Empire and Its Inhabitants(Samuel Wells Williams, 1883)
《中国：地理，政府，文学，社会生活，艺术和历史概览》

这是中国人绘制的额尔金勋爵与恭亲王签署北京条约的签约现场图。据目击者回忆："10月24日，英中和约在北京得以签署，这个新的和约是由英中两国特使在位于北京城中心位置的六部衙门之一，即礼部大堂内签署的。英国特使是在由1000名骑兵和步兵的混合护卫队陪同下进城签署和约的"[1]。

---

[1]　奥尔古德：《1860年的中国战争：信札与日记》，沈弘译，中西书局，2013年，第142页。

法国全权代表前往大清礼部签约

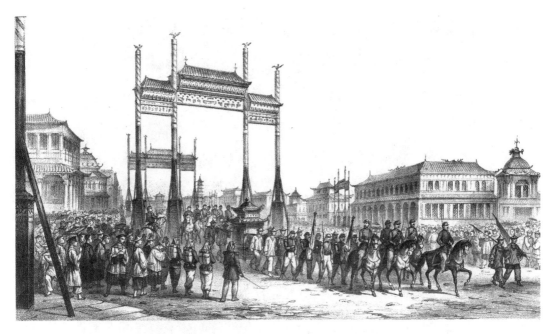

Bibliothèque nationale de France（法国国家图书馆）

　　1860年10月25日清晨，身着盛装的葛罗男爵率全使团成员前往大清礼部。法军骑兵打先锋，随后是军乐队，法军的不同军种都派出一个代表，包括北非骑兵、轻步兵、海军陆战队、炮兵骑兵排，军队后面是外交人员的队伍。葛罗男爵由8个身着号衣的轿夫抬着，轿前有4名士官抬着有皇帝纹章的银盒，里面有天鹅绒包裹的1858年《中法天津条约》文本。队伍中，还有来自法军不同兵种的年轻女炊事员，她们着装奇特，看上去非男非女，非军非民。殿后的队伍是2个炮兵骑兵排和2个步兵营。钦差大臣恒祺率领一队骑马大清官员，在安定门迎候法国人。[1]

---

[1]　布立赛：《1860：圆明园大劫难》，高发明、丽泉、李鸿飞译，浙江古籍出版社，2005年，第295—296页。

法国全权代表和大清全权代表签约

Le Monde Illustré（1861–01–19）《世界画报》

    1860年10月25日，葛罗男爵和恭亲王奕訢在大清礼部会面，签署《中法北京条约》，并互换《中法天津条约》的批准书。

    首先中法双方交换条约文本，查验印章。然后，恭亲王和葛罗男爵在文本上签字盖章。此时，礼部附近一声炮响，此炮是为了给驻安定门的法国炮兵一个信号，随后便能听到法国炮兵放的21响礼炮。葛罗男爵赠送给恭亲王一套法国钱币，两张法国皇帝、皇后的照片和一张恭亲王本人的照片。恭亲王对葛罗男爵说，如男爵愿在北京多住几天的话，他愿以私人身份前去拜访。

    当清廷人员给双方代表上茶时，蒙托邦将军还确认了他的茶与恭亲王的茶出自同一个茶壶。德斯凯拉克·洛图尔伯爵曾被清军掳作人质，尽管身体虚弱不堪，他仍坚持参加了签约仪式，他甚至与曾经关押他的大清官员友好交谈，还开了玩笑。[1]

---

[1]　布立赛：《1860：圆明园大劫难》，高发明、丽泉、李鸿飞译，浙江古籍出版社，2005年，第297—298页

代表大清签约的恭亲王奕訢

Le Monde Illustré（1861–01–19）
《世界画报》

大清百姓围观各国条约

The Illustrated London News
（1861–01–19）
《伦敦新闻画报》

　　"1860年10月24日，中英签订了《中英北京条约》。10月25日，中法也签订了《中法北京条约》。不久，条约张贴在北京城内多处显眼的地方。当地百姓聚在告示前，识字的人将条约内容告知众人。清廷的俯就屈尊让北京居民感到很惊诧。但也有西方观察家认为，大清百姓对条约并无痛心表示，对宗教自由也不太关心。"（《伦敦新闻画报》）

法军离开北京城

Le Monde Illustré（1861-01-19）《世界画报》

　　1860年11月1日，蒙托邦率领法军离开北京前往天津。法军第101团的一个营和两门大炮留在北京，以便保护葛罗男爵的安全。很多大清百姓围观法军启程。11月6日，法军抵达天津。沿途可见道路两旁一片荒凉，居民已经逃离家园。自从联军登陆后，一群盗贼尾随联军，趁火打劫平民百姓，还烧了几个村子。11月7日，英军也陆续离开了北京。

Le Monde Illustré（1861–03–02）《世界画报》

　　图中可见联军士兵在北京街头购物、闲逛。北京城恢复了正常，"街上挤满了稠密的人群。每一条主要大街上都有大车停车处，到处都可见正在招徕游客的骆驼和骡车。手推童车也很常见，还有卖茶叶、水果、蔬菜以及各种食品和古玩的流动小贩，他们推着独轮车，沿街叫卖各自的货品"[1]。

---

[1]　奥尔古德：《1860年的中国战争：信札与日记》，沈弘译，中西书局，2013年，第144页。

大清官兵护送赔款到天津

The Illustrated London News（1861-04-20）
《伦敦新闻画报》

　　"除去赔偿人质和遇害人质家人的款项（英方30万两白银，法方20万两白银），清政府还同意付给英法政府各800万两白银，作为战争和英法国民在广州及其他地区财产损失的赔偿。"（《伦敦新闻画报》）

抵达天津的第一批赔款

Le Monde Illustré（1861–05–04）
《世界画报》

"付给英方的第一批赔款2万两白银和第二批赔款3万两白银都已抵达天津，与此同时，付给法方的两笔相同赔款也到达天津。"（《伦敦新闻画报》）

科利诺将军的葬礼

Le Monde Illustré（1861–04–20）《世界画报》

　　1861年1月15日，法军科利诺将军因染上天花不治身亡，临终前自叹这种死法实在窝囊（科利诺一生参加过大小战役30余次）。1月18日，英法联军为其举行葬礼。三名清廷官员及在天津的英、俄、美三国人士也参加了葬礼。

　　图中可见，联军的牧师在祈祷，乐队演奏音乐，不少大清百姓及孩子在看热闹。

英国皇家海军陆战队阵亡将士纪念碑

The Illustrated London News（1861–09–28）《伦敦新闻画报》

该纪念碑位于香港快活谷（Happy Valley，今称"跑马地"）。整个碑由大理石筑成，基座面积为10平方英尺，高26英尺6英寸，上书："纪念1857—1860年在大清殉职的英国皇家海军陆战队（轻步兵旅）的军官、士官、司号、士兵及英国皇家海军炮兵团的士官、司号和炮手。立碑者：他们的战友。"

大事记

1856年（咸丰六年）

2月29日	法国神父马赖被广西西林知县张鸣凤定罪处死。法国要求清廷赔偿道歉，但被两广总督叶名琛拒绝。
10月8日	在香港注册的"亚罗号"商船驶入广州荷兰炮台附近的码头。船上的海盗被人认出，并被报告给清军，清军水师登船缉盗。据传，清兵扯下英国旗帜并扣押船上两名嫌犯及10名水手以资调查。英国时任广州代办领事巴夏礼要求释放人犯，声称扯旗拘人是对英国权利的侵犯。
10月10日	叶名琛允释水手9人，但遭巴夏礼拒绝。
10月16日	叶名琛派广州商人伍崇曜去见巴夏礼，希望就"亚罗号事件"达成谅解。叶名琛拒绝承认扯落英旗，不赔偿、不道歉，只答应放人。
10月23日	英国海军上将西马縻各厘率军舰3艘、海军陆战队约2000人，向虎门口开进。第二次鸦片战争（又称亚罗战争）爆发。
10月29日	英军分数路攻入广州城。
11月12日	英军攻占虎门横档炮台，次日又攻占了虎门其他炮台。
12月	广州洋行夷馆被毁。

1857年（咸丰七年）

1月	英军焚烧洋行附近民宅数千家后退出珠江。
2月26日	英国下院就议员理查德·科布登反对对华宣战的决议表决，最后以263:247票通过。英国首相巴麦尊解散议会，呼吁采用全民公投。公投结果，自由派获胜，巴麦尊政府准备对华开战。
3月20日	英国政府任命前加拿大总督额尔金为对华全权特使，同时，从本土和毛里求斯、新加坡、印度等地调兵组成远征军，开赴大清帝国。
4月	法国政府任命葛罗男爵为驻华全权特使，率军来华协同英军作战。
5月25—27日	英舰在珠江的流溪河段与清军水师兵船发生激战。
6月1日	中英在大黄滘以南至佛山之间的水域开战。史称"佛山水道之战"。
10月	英法两国全权代表和军方将领会晤，决定先在广州开启战端，之后北上，对清廷展开外交攻势。
11月	英使额尔金、法使葛罗、美使列卫廉与俄使普提雅廷齐集香港。四国组建联合阵线，经过一番商讨，计划先攻占广州。
12月12日	额尔金与葛罗分别照会叶名琛，重申三点要求：第一，允许西人进入广州城；第二，就"亚罗号事件"和"马赖事件"做出赔偿；第三，修约。与此同时，英法舰队驶入虎门口，兵临广州城下。
12月15日	英法数十艘舰船集结于珠江主航道上，联军海军陆战队在炮火掩护下占领广州城外珠江以南地区。
12月28日	英法联军对广州发起攻击。中方副都统来存、千总邓安邦等率兵抵御，次日不敌失守。广东巡抚柏贵提出与联军谈判。

1858年（咸丰八年）

1月5日	两广总督叶名琛为联军俘虏，英军决定将其押往印度加尔各答（叶名琛次年客死他乡）。
1月6日	英法联军宣布广东巡抚柏贵在以巴夏礼为首的"联军委员会"的监督下继续担任原职，但实权仍在联军手中。
1月9日	英法联军宣布将于2月11日解除封锁并恢复广州的对外贸易。此后，广州便一直由英法联军控制，直到第二次鸦片战争结束。
2月26日	英、法、美、俄公使分别照会清政府，声称：四国公使将于3月底到达上海，届时如果未收到清政府回复，他们将北上天津。清廷拒绝了四国的要求。
4月20日	英法联军舰船20余艘、官兵2600余人抵天津大沽口外，要求与清政府全权代表谈判，清廷则坚持要将谈判移至广州举行。
5月20日	上午8时，联军向直隶总督谭廷襄下了战书，限2小时内交出大沽炮台，谭廷襄置之不理。时限一过，联军出动炮舰向大沽南北炮台进攻。驻守炮台的清军奋起还击，抵抗近2小时，炮台陷落。
5月26日	联军炮舰溯海河驶抵天津。联军再次照会清政府，要求派大臣来议事，两日内如无回信，将从天津进入北京。
5月28日	钦差大臣大学士桂良和吏部尚书花沙纳前往天津议和。在联军的高压下，桂良等被迫接受了英法的全部要求。
6月26—27日	清廷分别与英法在天津签订了《天津条约》，并约定1859年6月正式换约。
7月一次年5月	钦差大臣僧格林沁受命主持整顿、加强天津一带的防御体系。

1859年（咸丰九年）

6月20—21日	英、法、美三国公使到达大沽口外，欲乘舰船前往北京互换条约批准书。清政府要求公使在北塘登陆，由陆路前往北京，但遭到拒绝。
6月25日	英国海军司令贺布率领英法舰队驶往大沽口。清军反击，联军遭到惨败，4艘战舰被击毁击沉，死伤近500人。
9月	联军战败的消息传到英法。英法政府经过协商，决定联合出兵大清。英方计划出兵1.2万人，总司令为陆军格兰特将军，全权公使为额尔金勋爵；法方计划出兵7000人，总司令为蒙托邦将军，全权公使为葛罗男爵。

1860年（咸丰十年）

3月12日	法军总司令蒙托邦将军抵达上海。
4月6日	英军总司令格兰特将军抵达上海。
4月21日	联军在法国海军准将巴热和英国海军准将琼斯的指挥下，占领舟山。
5月27日	英军登陆大连。
6月8日	法军登陆烟台，封锁渤海湾。
7月26日	英军从大连，法军从烟台同时启航奔赴北塘。
8月1日	英法联军登陆北塘。
8月12日	联军2000人在前往大沽途中与清军遭遇。联军击败清军并迅速占领新河。
8月14日	英法联军占领塘沽炮台。
8月21日	英法联军向大沽炮台发起进攻。守卫炮台的新任直隶提督乐善和大部分守军阵亡，炮台陷落。
8月24日	英法联军占领天津，咸丰帝派桂良、恒福为钦差大臣，26日又加任恒祺为帮办大臣，前往天津与英法谈判。面对联军的要求，钦差们在即将签约时表示权限不够，无权签署

协议。英法联军遂决定采取军事行动，向北京推进。

9月13日　英法联军的先头部队到达河西务。

9月18日　英法联军在张家湾遭遇清军僧格林沁的部队。联军4000人与30 000清军展开激战，清军大败，但清军扣留了由巴夏礼带领的39名联军谈判人员。

9月21日　英法联军由骑兵在前开路向八里桥方向推进。以法军为主的联军与清军在八里桥开战，清军惨败。据统计，清军约有3000人阵亡，而联军的伤亡为：法军死亡3人，伤17人；英军死亡2人，伤29人。

9月22日　咸丰帝从圆明园逃往热河，临行前委派恭亲王奕䜣作为钦差处理后续事宜。

9月24日　恭亲王奕䜣照会额尔金，以交还人质来换取和平。额尔金提出3日内放人，否则进攻北京城。

10月6日　联军到达北京安定门和德胜门外。

10月7日　联军洗劫圆明园，恭亲王避走万寿山。

10月8日　清廷释放包括巴夏礼在内的第一批人质。

10月12日　清廷释放第二批人质。

10月13日　英法联军下达最后通牒，要求清廷交出安定门，否则联军将攻入北京城。

10月14日　清廷交出最后一批人质。至此，被扣押的39名人质，交还19人，其他人死于狱中。

10月18日　额尔金以报复清廷虐囚为借口，下令火烧圆明园。

10月24—25日　清廷全权代表恭亲王奕䜣分别与额尔金、葛罗签署了《中英北京条约》和《中法北京条约》。清廷同时与两国互换了《天津条约》的批准书。第二次鸦片战争结束。

从海外发现中国历史

　　无论是普通民众还是专家学者，步入"读图时代"越深，进入我们视野的关于中国历史，特别是晚清民国历史的图画、照片就越多。然而，不少历史图文书均取材于英国《伦敦新闻画报》，而对其他西方新闻画报，如英国的《泰晤士画报》《世界新闻画报》，法国的《世界画报》《环球画报》，以及美国的《哈泼周报》等，鲜有涉猎，更不用说从带有插图的图书，甚或从图书馆、博物馆图像文献中取材了。并且，由于视觉文献本身繁杂和零碎的特性，某些图文书的内容也偏于零散化。经常可见，有些图文书在历史事件的叙述中夹杂着与事件无关的图像，如服饰、发型、民俗等，甚至还有将日本的图像当成中国的图像插入书中的。此外，对于这些图文书的文字出处，只做翻译原报纸、杂志配文的处理，并无深层、多角度、多资料来源的印证和解读。

　　鉴于此，本书编者今按一图一主题的方式，意在全景展现第二次鸦片战争，并为已有文献增加更多的内容。希望本书可为历史发烧友提供"视觉大餐"，也能为史家提供更多其他视角的可视化史料，以便做更多中西对比研究，更好挖掘历史真相。

　　因编纂需要，本书参考了中、英、法文的大量资料。其中，包括战争目击者如英法两国的军事及外交人员的回忆录，也包括中华地方志、舆图，以及其他中文、外文史书，还有各处的文章，等等。文献中的地名、人名，编者尽量还原，实在无法确定的便保留音译或意译，有待后来学人重新定义。

本书图像资料主要辑自19世纪西方报刊、图书，以及今日欧美的图书馆、博物馆：

- 《伦敦新闻画报》（*The Illustrated London News*）
- 《泰晤士画报》（*Illustrated Times*）
- 《世界新闻画报》（*The Illustrated News of the World*）
- 《世界画报》（*Le Monde Illustré*）
- 《环球画报》（*L'illustration Journal Universel*）
- 《哈泼周报》（*Harper's Weekly*）
- 《额尔金勋爵出使华夏、东瀛见闻录（1857—1859）》（*Narrative of the Earl of Elgin's Mission to China and Japan: 1857—1859*）
- 《中华：泰晤士报特派记者报道（1857—1858）》（*China: Being 'The Times' Special Correspondence from China in the Years 1857—1858*）
- 《1860年中国远征记：八里桥伯爵蒙托邦将军回忆录》（*L'Expédition de Chine en 1860. Souvenirs du général Cousin de Montauban, comte de Palikao*）
- 《英国陆战海战史》（*British Battles on Land and Sea*）
- 《中英亚罗战争：1856—1860》（*The Arrow War: an Anglo-Chinese Confusion, 1856—1860*）
- 法国国家图书馆（Bibliothèque nationale de France）
- 大英图书馆（The British Library）
- 美国国会图书馆（The Library of Congress）
- 英国国家海事博物馆（National Maritime Museum）
- 美国海军学院博物馆（U. S. Naval Academy Museum）
- 苏格兰国家肖像美术馆（Scottish National Portrait Gallery）
- 英国国家陆军博物馆（National Army Museum）
- 布朗大学图书馆（Brown University Library）

在本书付梓之际，我要感谢我的妻子李捷。她在查找资料、核实史实、文字录入方面做了大量工作。感谢赵蕾表妹帮助我校对法文翻译。我还要感谢广西师范大学出版社刘隆进编辑和原野菁编辑，他们工作细心认真，一丝不苟，经常在书稿中找出大大小小的问题并提出建设性的修改意见，使书稿增色不少。刘隆进与原野菁编辑亦是拙作《从北平到延安：1938年美联社记者镜头下的中国》（2020年）的编辑。上次出书，我们合作得很愉快。不过我疏于鸣谢，一直倍感内疚，在此致歉，致谢！最后我要向"理想国"编辑曹凌志致谢。凌志为本书书稿的成型提供了大量宝贵意见，功不可没。